研读中国

蒋海 殷勇 著

解析中国文化密码
传承中国文化基因

北京出版集团
北京人民出版社

图书在版编目（CIP）数据

研读中国 ：解析中国文化密码，传承中国文化基因 / 蒋海，殷勇著. — 北京 : 北京人民出版社，2021. 7
ISBN 978-7-5300-0514-9

Ⅰ. ①研… Ⅱ. ①蒋… ②殷… Ⅲ. ①中华文化—研究 Ⅳ. ① K207

中国版本图书馆 CIP 数据核字（2021）第 010155 号

责任编辑 王忠波　　封面设计 白 雪 陈安定
责任印制 陈冬梅　　插　　图 梁未栋
书名题写 王宜明

研读中国
解析中国文化密码，传承中国文化基因
YANDU ZHONGGUO
蒋海 殷勇 著

出　　版 北京出版集团
　　　　 北京人民出版社
地　　址 北京北三环中路 6 号
邮　　编 100120
网　　址 www.bph.com.cn
总 发 行 北京出版集团
印　　刷 北京华联印刷有限公司
经　　销 新华书店
开　　本 880 毫米 ×1230 毫米 1/32
印　　张 8.75
字　　数 140 千字
版　　次 2021 年 7 月第 1 版
印　　次 2021 年 7 月第 1 次印刷
书　　号 ISBN 978-7-5300-0514-9
定　　价 76.00 元

如有印装质量问题，由本社负责调换
质量监督电话 010-58572393

目　录

序言

让世界了解过去的我们、认知现在的我们

2021年3月22日，习近平总书记在福建朱熹园考察时指出：如果没有中华五千年文明，哪里有什么中国特色？如果不是中国特色，哪有我们今天这么成功的中国特色社会主义道路？我们要特别重视挖掘中华五千年文明中的精华，弘扬优秀传统文化，把其中的精华同马克思主义立场观点方法结合起来，坚定不移走中国特色社会主义道路。

到底是什么力量、什么底蕴、什么精神，使得中国文化始终未曾中断并不断推进中华民族发展壮大？尤其是当今世界随着中国的崛起，西方社会对中国现行的制度、文化、发展道路不甚理解，并以自以为是的价值标准来衡量是非，判断对错，甚至指责中国为西方秩序的

破坏者之一。这既是政治斗争，也是因为文化的差异而导致的价值观差异。那么，东西方文化上的差异是不是真的就导致了价值观的对立，世界各国的竞争到底是互利共赢还是零和博弈？对于这些问题，社会各界各有说法，也都有其一定的道理，因为即使身为中国人，有时候对自己国家的过去和现在也会有许多理解上的差异，何况是处于完全不同文化背景下的西方国家。

因此，作为本书的作者，我们希望从另外一个角度进行分析和阐述，或许可以让希望了解中国的人去进一步了解过去的我们和现在的我们。

基于上述的想法，我们重点从两个方面进行了阐述：一是尽可能通过我们的理解和剖析，来说清楚中国文化之所以能够历经劫波不断发展壮大的密码是什么，从而较为系统化地了解和把握历史的我们、过去的我们；二是尽可能从中国文化传承的角度，现实性地说明和阐释当代中国所秉持的文化基因是什么，从而在较为体系化认知的基础上，更加坚定做好现在的我们、甚至未来的我们。

在了解过去的我们、解析中国文化的密码方面，重点阐述了中国文化的定义、中国文化产生的地理和气候维度、中国文化的基本传承历程、中华民族形成发展的文化认同、文化传播载体在中国文化传承中的作用和中国传统文化的核心内涵，以及由此所锻造的中国品行、中国追求、中国操守、中国气度、中国性格、中国气节、中国情怀、中国境界乃至中国信仰。同时，本书还从东西方文化产生的不同历史环境做了对照和比较，并总结了中国文化的真正内涵以及由此铸就的中国精神。可以说，正是这些中国精神润物无声地流淌于中华民族五千年生生不息的历史血脉，潜移默化地根植于中华民族的内心深处，跨越时空地穿越于中华民族波澜壮阔的血雨洗礼，无处不在地浓缩于中华民族发展历史的传世经典，以此支撑着中国文化、中华民族发展壮大、源远流长。

在了解现在的我们、传承中国文化的基因方面，重点是相对系统性地从中国文化传承创新的角度，论述了之所以我们能够具备道路自信、理论自信、制度自信、文化自信和“中国梦”的历史传承和人文渊源，以及其所具有的历史性、现实性和正朔性。其间，还专门对马克思主义中国化和中国共产党的“三大法宝”的现实意义进行了文化阐释和创新认识。同时，就有效传承中国文化基因，提出了战略性创新选择。最后，围绕社会主义核心价值观的形成，就如何有效凝聚富有时代背景的中国精神，进一步凸显当今中国的文化秉持，提出了现实意义的中国品行、中国志向、中国气度、中国操守、中国性格、中国气概、中国智慧、中国理想和中国信仰。

在本书的最后，专门加了一篇题为“当下中国需要更坚定的文化定力”的文章作为本书的附录，以强调中国文化在当今背景下的现实作用和社会价值。具体而言，就是需要通过去芜存菁并与当代世界先进思想潮流相结合的具有代表性的中国当代先进文化思想、先进文化理念和先进文化体系，不断丰富当今中国社会的文化内涵，有序梳理当今中国的文化秉持，全面激发当今中国的民族精神和时代精神，以此牢固树立具有中国文化传承和创新的社会主义核心价值观，夯实中华民族伟大复兴的思想基础、文化基础和社会基础。

本书的思考和撰写，正是围绕这个主题，也是为了这个目标。

——写于建党百年之际

绪论：文化是什么？

（一）文献中关于中国“文化”的表述

有人说“文化”一词源自日本，来自对英语“culture”的翻译。“culture”是个名词，其词根“cult-”有培植的含义，因此“culture”一般指人类创造的物质和精神成果的总和。在中国历史上，最早将“文”与“化”放在一起使用的文献，是西汉时期刘向的《说苑·指武》中的一句话：“凡武之兴，为不服也，文化不改，然后加诛。”“文化”在这里，应该不是名词而是动词，是指对某个目标客体采用非武力的方式进行的改变，这个改变是相对于使用武力强迫转化而言的，或者说是采取说服教育、循循善诱、耐心说理等柔性转化的方式和方法，是非强制性的。因此，中国最初使用“文化”一词的含义与英语“culture”的含义是相差甚远的。

《尚书·禹贡》有“五百里绥服，三百里揆文教，二百里奋武卫”，故有“揆文奋武”之说，在这里文教就是文化，武卫就是武化。可以说，无论是武化还是文化，其目的都是对客体进行改变。武化是用武力强制性的方式对客体进行改变，而文化则是用非武力的柔性方式对客体进行改变，两者之间是相得益彰、交替使用，文化重在非强制性的“化之”，而武化重在强制性的“化之”，尽管都是“改变”，但采取的方式方法不同。西汉时期名将陈汤上书汉元帝时有一句非常霸气的话：“明犯强汉者，虽远必诛。”之所以把这句话拿出来谈，是因为当时的汉朝实力雄厚，这不单单是武力的强大气势，更是一种具有深厚文化底蕴的无形气场和气势。

如果把“文”理解成现在的知识、学识、技术、技能，把“化”理解成现在的转化、转变、改进的话，那么“文化”实际上指通过思想、知识、技能的影响对客体进行教化改变的过程。因此，文化本身应该是动词，只有客体按照主体的引导发生了改变，才能真正称得上是“文化”。这就是说，“文化”实际上是指“以文化之”这个转变的过程，而并不是一个转变后的状态。

由此可见，“文化”在英语和汉语的词源是完全不同的，“文化”的含义还会随着时代的变迁而演变，我们之所以要明确“文化”的定义，根本意图在于不断丰富它的内涵、探究它的实质，切实发挥“文化”的作用。

（二）近现代相关专家学者对“文化”的解释

但是，在现代人的眼中，“文化”更多的是描述一种状态，是指从自然原始状态转化到人文造化的一种结果。综合国内外学者对文化的定义，不外乎以下几种说法：

“文化是人类社会特有的现象。它是指人类创造的一切的总和，换言之，凡是人类创造的都属于文化。”这是说广义上的文化概念。

“文化大致包括物质文化、制度文化和精神文化，指与人类精神生活有关的如文学、史学、哲学、教育、艺术、宗教、娱乐等方面。”这是指狭义的文化概念。

“文化是民族凝聚力的渊源。文化强劲，则民族凝聚力强劲；文化衰弱，则民族成为一盘散沙，民族成员转而认同异族文化，则民族文化消亡，民族名存实亡。”这是描述文化与民族的关系。

“文化是各地民众在各自地理、历史环境中创造的，因而具有鲜明的民族性。文化是民族内部彼此认同的核心，也是解读‘我是谁’的根源。”这是说文化的哲学意义。

马克思则认为文化是“人在社会历史实践中形成的人的本质性的生存方式，是人的自觉或不自觉的活动的历史积淀，是人内在的统一精神和价值取向的思想和行为模式”。

余秋雨先生在《中国文化课》一书中专门用一个单元去诠释何谓“文化”。他认为，文化是“养成习惯的精神价值和生活方式，最终成果是人格”。

无论是“养成”，还是“积淀”，实际上都是通过某一种过程而体现出的一种转变，也就是说是经过某一个过程才可能体现出的某种价值取向、生活方式和行为模式。因此，我们认为“文化”本身更具有动词概念。

网络上有一段很多人认可的文化定义：“植根于内心的修养；无须提醒的自觉；以约束为前提的自由；为别人着想的善良。”这段话总结提炼得非常精练，也非常能够打动人的心灵。但仔细品味，可以发现，这句话所反映的是一个人的修养水平和自身涵养，应该是一个人经过文化熏陶以后的一种状态，并非是改变的过程。或者说，这是文明概念的一个标准，体现的是一种状态、一种水平，而不是以文化之的过程。因此，更应该理解成一个人的文明程度。

（三）文化的目的与作用

应该说，文化的根本目的在于促进整个社会的文明进步。具体来说就是通过精神层面、意识层面、知识层面、制度层面等的引导、教化和改变，来提升整个社会的人文素养和文明水平。

那么文化的作用又应该是什么呢？文化应该是能够引领整个民族走向现代文明阶段的主要力量，是具有明确方向和目标并且能够提振整个社会“精气神”的价值观和实现整体文明的方法论。无数历史事实已经证明，仅仅依靠经济发展是不可能完成全社会的文明转型的。因此，重视发挥文化的作用，实质就是重视提升自身的软实力，重视提升整个社会的文明水平。

推动文化发展的核心，就是要发挥文化本身在整个区域中的引导作用，使区域内的广大群体能够体会到文化对自身素养的提升，让区域外的群体能够感觉到这个区域的文化波长，以此促进社会的整体文明水平。

简单来说，就是要切实起到“以文化之”中“化”的作用。文化活动所产生的文化产品、文化作品、文化市场，以及相应的文化环境、文化氛围、文化气息等，应该只是整体区域文化的外衣，或是区域文化的外在表现形式。

打造文化品牌首先要搞清楚本区域文化的本意，即价值取向、生活方式和行为模式，挖掘出推动本区域发展到目前这种状况的文化内涵，即是什么力量推动本区域发展的，特别是要根据本区域未来的功能定位和人文传承的特点，总结提炼、归纳形成具有当前主流价值意识特色的文化内涵，主动为后人留下具有现代意义的文化特质。

现在很多地方都在打造各种文化品牌，但往往存在“顾其表，而忘其里”的问题，其中有几个认识的误区：一是将文化粗暴地理解为娱乐、搞笑、调侃、作秀，把粗俗当卖点，把浅薄当幽默。二是还有一些媒体将文化误解为“艺术”，也即“浅文化”，请了一些影视明星、曲艺明星来谈文化、谈文化自信，而缺乏对深层次文化内涵的挖掘。文艺本身应该是“文化艺术”的简称，具有文化内涵的艺术才能称得上是文艺。具体来说，“文化”是道，“艺术”是术，能够用艺术的手法传播文化内涵的道，才能真正称得上是文化艺术。如果一个人能被称为文艺工作者，应该是非常光荣和非常自豪的。因为真正的文艺工作者是具有深厚的文化内涵、文化底蕴的，而且还具有传播文化内涵的艺术技能，可谓是“道”“艺”双全的。三是目前许多地方拼命搜罗一些自己或别人过去的文明痕迹，并且靠集中几个艺术家、移置或模仿几座古建筑、建几个文化产品交易市场，来装扮一下现在的自己，也就是俗称的“文化搭台，经济唱戏”（其实应该是“艺术搭台”）。这些行为最多能够创造一些看似具有文化感觉的GDP，实际上不会因为提倡艺术而走向文明。

区域文化的建设，绝不能忘记了文化的本意——“以文化之”，也绝不能只重其形，而忽其里。否则，其最终结果必定无法实现文化走向社会、文化引领民众。

如果把文化与武化对应起来使用，那么可以把文化理解成一种特殊的、无形的武器。对内，它是夯基固本、凝聚人心、奋发创新的向心力；对外，它则可以成为扰乱民意、拆乱人心、阻碍发展的侵蚀力，但也可以成为沟通彼此、互相理解、取长补短的合作力。这也就是人们常常把文化说成是软实力的主要原因。

文化既然是一种推动改变的力量，任何人、任何国家都有使用与否和怎样使用的权利。我们有权决定自己是否使用和怎样使用文化的力量，但没有阻止别人是否使用和怎样使用文化的权利。

西方国家在国际战略层面上运用文化武器一直都是行家里手。国际关系有三种扩张的方式：军事、经济和文化。尤其在和平时期，文化扩张是扩大实力的最主要方式。某大国的全球扩张，一直都是以文化战打前锋，以臭名昭著的“和平演变”“颜色革命”来贩卖他们的价值观。其基本方法就是采取文化先行的策略，即收买和利用目标国家所谓的“公知”、媒体，首先贬低目标国家的文化，丑化并放大其文化中的负面效应，并用所谓的“普世价值观”去扰乱民心，引发对方社会思想混乱，使得该国的文化根基产生松动乃至坍塌，最后达到不战而胜的目的。这个方法甚至比付诸武力更为有效，也能够发挥比武化更大的作用，而且其成本少之又少，这就是文化的力量。

各个经历过“颜色革命”的国家，几乎无一不深受其害，并长期困在自身文化的迷失当中，不能自拔。苏联就是这样在“颜色革命”中解体的。西方的价值观和生活方式成功瓦解了苏联的下一代，从而不费一枪一弹就打赢了一场没有硝烟的战争。可以说，这是20世纪的“文化战杰作”。

那些曾经或正在被“颜色”革命的国家或地区，如果他们要恢复或重振自己的国家、自己的民族，也只有当他们重新梳理并找到了自身的文化根基，在自身内部形成文化共识，并以此为基础在全民族范围内形成文化合力以后，他们才有可能重新建立起真正属于自己的发展模式和生活方式。否则，他们也将会像从历史长河中消失的文明古国一样，迎来其文明被消灭于“颜色革命”的那一刻!

（四）“文化”与“文明”的关系

谈到文化，就不能不谈文明。“文化”与“文明”的关系，可以有广义和狭义之分。先说说狭义的

“文化”与“文明”的关系。狭义的“文明”和“文化”的词义都是从日语借鉴而来，“文化”是“culture”，而文明则是英语单词“civilization”的译义，“文化”单词的词根“cult-”和“耕耘”有关，而“文明”单词的词根“civ-”的原始含义和“市民”有关，也就是说与现代性的人类活动有关。诺贝特·埃利亚斯在《文明的进程》中说：“文化”是使民族之间表现出差异性的东西，它时时表现着一个民族的自我和特色，因此，它没有高低之分。而“文明”是使各个民族差异性逐渐减少的那些东西，表现着人类的普遍的行为和成就。换句话说，就是“文化”使各个民族不一样，而“文明”使各个民族趋同。在这个含义中，文化就是人类生活方式的总和，而文明则是一种人类行为规范。文化不一定相似，但文明却是通过文化的交流融合后形成的共同价值观。

因此，在我们说一个人是不是文化人的时候，并不是看他学历多高，头衔多少，而是看他是不是“文明”，是不是因为文化而改变了什么和如何改变的。社会上流行说某人“有知识，没文化”，其真实含义是某人没有把自身的知识、技能转化为改变客体的力量，或者说他没有能力行使“以文化人”。这主要就是针对那些有高学历但在实践中无法体现他所本应具备的教化作用、解决不了现实问题的人而言的。文化一定要传播、一定要传承，才能真正称得上是文化。没有得到传播、传承、发展的，就没有改变任何人或任何事，也就称不上文化。

文化本身也是一种动态的传承，是变化的发展，它可以用各种表现形式去体现、影响和带动社会的发展和进步。从狭义角度讲，文化的外在表现形式，就是各种具有文化特质的产品、作品、形态；其外在体现通道，就是各类文化事业和文化产业。以上所有外在表现或外在体现的本源，就是人这个主体所想表达和展示的一种理念、一种精神、一种秉持、一种内涵。所有以文化特质表现出来的这个时期的产品、作品、形态、精神等，就是这个时期的文明。

再来说说广义的“文化”与“文明”。还是从英语的词根说起，“cult-”代表和农业有关，是人类的初始状态，而“civ-”则是和城市有关，是人类社会的高级阶段。因此文明是文化的高级状态。文化是包含有政治、艺术、价值、道德、经济等内容的一个个独立的小圈，如茶文化、酒文化、伦理文化等，而文明将这些小圈加以归类，形成一个大圈。多数情况下，文明相比文化更具普适性和扩散性。

如果形象化地描述“文明”与“文化”的广义关系的话，那么，“文明”就是对“文化”发展到某个高级阶段的静态描述。具体地说，文明是文化发展到高级阶段的一个截面，在这个截面上所反映出的文化特质、文化程度，就是普遍意义上所理解的文明。文明是一种状态，一种水平；文化是一种改变，一种变化。文明是静态的、相对的，文化是动态的、发展的。

因此，文化在较大时空、一定领域范围内取得质的突破后，我们可称之为“文明”，如古代文明、近代文明、农业文明、工业文明等。文明一般都有特定的物化标志，比如得到世界范围内公认的，确定为古代文明的物化标志为：城市、青铜器（祭器）和文字，这其实就是把文明基本等同于“国家”了。

现在为我们所熟知的四大古代原生文明国家（cradle of civilization）中（也有说六大文明古国的，包含了中美洲文明和安第斯文明），除中国以外，其他三个国家前都要冠以一个“古”字，即古埃及、古印度、古巴比伦，但没有“古中国”的称谓。因为除了中国以外，其他三个国家的文化都中断于某个时空。当如今生活在金字塔脚下的人消灭了当初建金字塔的人后，古埃及文明就被锁定在侵略者颠覆其文化延续发展的那一刹那间，甚至于他们的上古文字也只能靠一个19世纪的法国年轻人来翻译。某种程度上说，这也是以上三个文明古国的文化能力未能改变侵略者的结果的体现。

中国的地域面积大，人口众多，农耕地理特征和入世特征十分明显，自进入文明社会以后，语言、文字、信仰、习俗、道德体系等延续至今，这不但说明了中国文化本身生命力的强大，也显示了其能力的强大。因此，在人类历史上有古埃及文明、古印度文明、古巴比伦文明、古玛雅文明、古印加文明之称，而无古中华文明之说。

（五）中华文明是唯一延续至今的原生文明

中华文明的发展历程如孕育它的母亲河——黄河和长江，时而舒缓，时而壮阔，绵延万里，滔滔不绝。然而溯源而上，它的上游却也与长江黄河相似，一样的分枝纷繁，茫昧不清。

按中国最伟大的史书——《史记》描述的历史框架，三皇五帝、夏商周时期是中华文明的童年时期。现如今殷墟的发掘和甲骨文的发现证实了商朝的存在，然而之前的历史因为只有文字的记载而没有考古的实证，招致了西方学者甚至部分中国学者不少的怀疑。

20世纪20年代，强势的西方学者提出了世界文明传播说，认为不管是人类还是人类历史，只有一个文明原生点，就是在中亚及地中海区域，因此中华文明西来之说甚嚣尘上，其依据有三：一是中华文明的崛起时间正好是苏美尔文明的没落时期，因此两河流域的文明很可能传到了中国，并且启动了中华文明。二是最早且成熟的青铜器出现于两河流域，中国青铜器的技术可能来自西方，因为出土文物没有形成中国自有金属冶炼技术的证据链，像是中国突然有了成熟的青铜器。三是中国文字也可能来自古巴比伦，因为甲骨文之前的文字也没有证据链，而古巴比伦也有象形文字且比中国要早得多。

西方的学者只相信考古证据，他们认为中国古书写的东西若没有考古发现，那只能算传说，不算历史（但他们却有意无意地回避了西方原生文明甚少史学资料的缺陷，甚至把《荷马史诗》这样的文学作品也当作了史料），因此他们在甲骨文未发现之前，认为中华文明史只能从周朝开始，甚至武断地认为就连甲骨文也是西来的，此外再加上部分中国学者如胡适、顾颉刚等过度地疑古，所以直到今天还有不少西方历史书籍认为中华文明就只能从商代中后期（盘庚迁殷之后）开始，前面的全都不算。但是我们考古学的工作让越来越多的学者相信在那个时代中国确实发生过一些与西方文明发展历程不尽相同的变化，而商代远超周边地区的文明程度也绝不是凭空出现的。

此外，西方学者以“文字、城市、青铜器”来判定一个文明的诞生其实是有极大的局限性的，这个标准只是根据两河文明和古埃及文明归纳出来的，而对于世界上各具特色的古典文明形态其实显得过于主观了。比如说青铜器与当地的矿物储量有极大关系，玛雅文明的伟大谁都无法否认，但其没有制造和使用过任何金属工具。而以石材为原料的城市建筑和以土木为材料的城市建筑在保存期限上也有很大的差别。至于文字，匈奴帝国就一直没有文字，中美洲的印加文明也没有文字，但这些都不妨碍一个伟大文明的诞生，而且判断文字与符号之间的标准至今语焉不详，古埃及和两河文明的文字是法国和德国的两个年轻人根据极少的资料翻译出来的，其准确性和可靠性其实还有待商榷。所以，确认一个文明的产生标志既要讲普遍性，也要讲特殊性，在不同区域应该至少有不同的标准。比如从社会的分工、阶级的分化的角度来判断一个文明产生其核心价值的内容，并从考古的证据来证明这些核心价值的形式和内容在时间和空间上具有连续性。

钱穆先生说："要了解中国文化，必须站到更高来看到中国之心，中国的核心思想就是'礼'。"因此"中国""华夏""诸夏"之类的观念，虽有族群认同、地域认同，但更多的是文化认同。"中华文明"的成立，即建立于这一文化认同的基础之上。

从这个角度出发，我们可以发觉中华文明也许比西亚、北非、南亚都要出现得晚一些，但是其核心内容——"礼"的文化在辽河流域、黄河流域、长江流域星罗棋布，其代表红山文化、三星堆文化、良渚文化、陶寺文化、石峁文化、二里头文化、龙山文化等有非常清晰的连续性和散播性，作为重要礼器的盉、爵、簋等，不管是陶器、玉器还是青铜器，向北见于燕山南北，向南则散布于浙江到四川的长江流域一带，西达黄河上游的甘肃、青海一带。河南望京楼、四川三星堆及越南等地出土的牙璋，也是与此一脉相承。它们互相借鉴、兼收并蓄，从中孕育了文化沉淀、文化认同，这是中华文明不同于其他文明的主要特征，这完全可以成为把中华文明认作原生文明的重要判断要素。

苏秉琦先生曾形容中华文明的起源是“满天星斗”，后来因为中原文化的崛起而“月朗星稀”，多元化为一体，这个一体就是以“礼”的标准来归纳的。曾主导二里头、陶寺等文化遗址发掘工作的史学家徐旭生说：中国远古时代，曾存在过三大集团，起于渭水者为华夏集团，起于东方者为东夷集团，起于南方者为苗蛮集团。三大集团因斗争而联合，最后完全同化，渐次形成后来的汉族。考古学家苏秉琦更是把中华文明的起源列为六个区系，以礼仪文化来归纳文明形态，而最后都归于中原文化。可以说中华文明从起源开始就建立了海纳百川、包容四方的基本特征。

自主发生的中华文明，五千年来经过不同族群的交融，不同文化的互动，延绵不绝，自成一体，形成了独树一帜的文明形态。直到现如今我们依然可以自如地阅读三千年前的典籍，朗诵二千年前的诗歌，长城脚下卖门票的人也和当初建长城的人血脉相连。越来越多的考古发现更证明了，中华文明也许不是地球上最早的文明，但它肯定是唯一延续至今的原生文明。

（六）中国传统文化的密码和基因

自鸦片战争以来，中华文明饱受欺凌，越反抗越挨打，其迅速衰弱的程度让社会的主流精英对我们的传统文化充满了怀疑和质问。尤其是自新文化运动以来，甩在孔夫子身上的锅估计都可以开个火锅连锁店了。甚至直到今天，还有许多社会精英认为：过去的都是腐朽的、落伍的，就是应该被革命、被打倒的物件。于是，原本宝贵的历史遗产——“五千年中国传统文化”，反而成了沉重的历史包袱。

就算今天的中国已经处在民族复兴的最好阶段，现在还有些所谓的知识精英从各个角度贬低中国传统文化，将之丑化为懒婆娘的缠脚布，叫嚣着要实现现代化必须连根铲除中国文化。他们跟着西方学者一起宣扬世界文明是一元的，东西方文化处于同一个体系的不同阶段，中国文化处于落后阶段，是专制的、黑暗的、野蛮的文化；而西方文化处于先进阶段，是民主的、光明的、高尚的文化。西方文化的今天，就是中国文化的明天，要实现现代化就必须全盘西化。

其实早在20世纪初，中国的一些知识精英如梁启超、钱穆、梁漱溟等就深刻认识到西方文化绝非那样完美，而中国文化也绝不像想象中的那样腐朽和没落。如果对中国传统文化去芜存菁，通过解析文化密码来传承优秀的文化基因，并且与世界优秀文化思想的精华进一步交流融合，那五千年的古老文明将完美转型，重新焕发生机。

中华文明的复兴绝不能通过全盘否定、打破重来来获得，因为历史从来不是由简单的“打碎旧世界，创立新世界”来组成的，它每跨出一步，都留下了历经淬炼后人类文明精华的脚印。而传承优秀的文化基因并且加以创新性发展，才是发展新时代文化的重要命题。

尤其是自21世纪以来，我们在经济方面取得了伟大的成就，逐渐拥有了较强的“硬实力”，也开始以大国的身份参与到国际事务之中，但是要让国际社会从内心深处真正认同中国，还需要有足够强的“软实力”——核心文化的加持，而不是仅仅让世界为了经济利益而主动走近中国！

中国文化集儒家文化、禅宗文化、太极文化、中医文化、武术文化、戏曲文化、美食文化等东方文化之大成，这些浩如烟海的文化还需要去芜存菁，解析提炼出简明扼要并且深入人心的核心价值观来作为中国传统文化的灵魂，发挥引领作用。

所以，判断一个民族对人类文明的贡献，关键是看它为世界留下了什么样的核心价值。而我们的任务，就是要解析中国传统文化的密码，传承中国传统文化的优秀基因，向全人类提供一种不同于西方文化的核心价值，可以预见这将是中华民族对世界文明新的重大贡献。

上篇

解析中国传统文化的密码

中国传统文化浩瀚渊博，近代以前自成一体，满足了农业社会发展的需求，也使得中国长期处在世界的相对封闭且领先地位。但自鸦片战争以后，中国传统文化受到了西方工业文明的巨大冲击，质疑声日渐四起，先是要“全盘西化”，后又要“全盘苏化”，直至改革开放以来盲目崇拜西方文化的思潮还一直颇有市场，表现出民众对自身文化缺乏足够的自信。

其实当代中国文化的首要任务是要融入现代文明社会的怀抱，从而在世界范围内能进行中国文化的传播。因此解析中国传统文化的密码，挖掘中国传统文化里适应当代生活的内涵，这不但是传承的要点，也是创新的方向。

有些学者认为中国是一个多民族国家，不应该把中国文化等同于汉族文化，更不能等同于儒家文化。但经历百家争鸣、去芜存菁之后，中国传统文化逐步形成了以儒、释、道三家为主的核心内容，这是当今传承文化需要抓住的重点。我们不应该再浪费时间精力去寻找和分析其他小众文化、杂家思想，否则会走上吃力不讨好的弯路。因此，要从中国传统文化的主体里去寻觅最富价值的内容、遴选出最吸引人也最珍贵的文化资产，来与当代文明最合适的部分进行有机结合，以切实找寻出一条属于中国自己的发展之路。

一、中国传统文化密码之一

——特殊的地理及气候环境

地理和气候对文化的形成和发展有着十分重要的作用，因此谈中国传统文化有必要先讲清楚两个基本维度，即地理的维度和气候的维度，这样才可以在解释清楚中国传统文化的独特性和产生的必然性方面，提供一个独特的视角。

（一）中国地理的维度

1. 四大文明古国的地理特征比较

非常相似的是，四大文明古国的文明发源地都有自己的母亲河。长江、黄河是中华文明的摇篮，古印度则是恒河，古巴比伦（美索不达米亚）是两河，古埃及是尼罗河，巧合的是这四个文明古国都地处北纬30度附近。

古埃及位于北非东北部的尼罗河下游，地理环境非常适合文明孕育。尼罗河每年6月开始涨水，一直延续到11月，涨水期的尼罗河水量是枯水期的十倍以上，于是尼罗河就淹没了河边的土地，等水退去到了枯水期时，正好是小麦生长期，浸透了东非和埃塞俄比亚高原有机物的淤泥十分有利于小麦的成长，加上阳光充足，组合成了优越的地理小环境，每次尼罗河的泛滥就意味着来年的丰收，大自然的恩赐让古埃及人民根本不需要辛苦劳作，就能吃饱喝足。因此，古埃及人民的主业倒不是种地，而是拜神、建金字塔，把金字塔建得像是外星人的杰作。众神护佑的舒坦日子过了一年又一年，正当古埃及人民以为可以世世代代如此衣食无忧地过下去时，强盗来了。

北非沙漠虽然广阔无边，且无法逾越，人类难以生存，但自从人类驯化了马以后，骑兵和战车大大扩大了人类的势力范围。由于缺乏天然的地理屏障，原来受沙漠保护的封闭环境被轻易打破，古埃及从此陷入战乱，遭到了周边外族骑兵多次入侵。先是被强大的波斯帝国、希腊所征服，后又被罗马帝国所统治，最终被阿拉伯帝国全盘伊斯兰化，现如今的埃及已经找不到法老的后裔了，几乎全是阿拉伯人的天下，古埃及的文字和语言也被彻底废弃，只剩下金字塔和狮身人面像在撒哈拉沙漠的狂风中凌乱。

古巴比伦，其实应该叫两河文明，包括古巴比伦文明和稍早的苏美尔文明。两河文明兴起于西亚两河流域（幼发拉底河和底格里斯河）的下游，也就是现今的伊拉克境内，几乎与埃及同属北纬30度线中纬度。这是一处人人向往的天堂，《圣经》里记载的伊甸园就在这里，它被形容为一块“流着奶和蜜的富饶之地”。可惜的是现在这里却是世界上日子最难过的地方之一。

与古埃及一样，两河流域适合农业生产，靠河水灌溉使小麦获得高产，因此从现有出土文物来看，在两河流域东西两岸发展起来的文明可能是人类历史上第一个高度发达的文明古国，人类历史上第一部法律文书——“刻在黑色的玄武岩上的《汉谟拉比法典》”也诞生于此。但由于地处世界的“十字路口”，边缘地理特征明显又没有天险可以依托，周边的游牧民族很早开始就向两河文明发起攻击，几千年来该区域基本上就是被周边崛起的大国轮番攻击。所以在这块区域分别产生了五千年前的苏美尔文明，四千年前的巴比伦文明，三千年前的亚述文明，两千年前的波斯文明，一千年前的阿拉伯文明，直到现在……

公元前500多年时，古老的雅利安人的一个分支——波斯人在该区域崛起，波斯民族地处伊朗高原，草原条件好、面积大、人口多。波斯人先后击败了巴比伦及周边的各民族，直接控制了整个小亚细亚、地中海东岸的巴勒斯坦及埃及等地区，建立了横跨亚非欧的超级大帝国，并长期与希腊相争。巴比伦地区在波斯帝国衰弱后为希腊、罗马人所统治，公元7世纪，阿拉伯人兴起，建立了伊斯兰教控制的阿拉伯帝国，两河流域从此就成为了阿拉伯帝国的中心，也成了世界的火药桶，那块刻有《汉谟拉比法典》的玄武岩也早就被炮火轰烂在中东的战壕里了。

古印度文明也叫哈拉巴文明，起源在现巴基斯坦的印度河上，集中于哈拉巴古城和摩亨佐达罗城，亦在北纬30度左右，其兴起于约公元前2000年，消失于公元前1500年，城市里有作坊、神庙、议事厅、民居等。遗憾的是哈拉巴文明没有信史，无数次的中断与灭亡根本没有人记述下来，而且其文字现在几乎已经没人看得懂，也就彻底失传了。因此，除了古印度人的血脉还依然相传，其文化内容却大部分都消亡了，甚至印度现在的佛教都是中国倒传过去的。

印度次大陆的地理环境比较特殊，三面环海，北面是世界屋脊——喜马拉雅山脉，几乎是一块全封闭的区域，自从地处北部高原的雅利安人在公元前1500年从喜马拉雅山南麓的开伯尔山口大规模入侵后，哈拉巴文明的原住民就被完全征服。雅利安人于约公元前1000年创立了印度文明（与古印度文明不是一回事）。而后其东移至恒河并于公元前4世纪建立了著名的孔雀王朝。雅利安人在印度发明了婆罗门教（公元8—9世纪后改称印度教），搞起了种姓制度，雅利安人血统占据了高种姓阶层，而印度原住民血统的人大多是低种姓甚至是贱民阶层。种姓世世代代不可更改，这些原住民就要世世代代为雅利安人所奴役。雅利安人还把当初闯进印度的地方称为“兴都库什山脉”，意思是“杀死印度人”。

从开伯尔山口冲进来的雅利安人还仅仅是个开头，在经历了大大小小数百次的入侵后，波斯人、阿拉伯人、突厥人、蒙古人等轮番在南亚次大陆上建立了王朝，留下了1600多种语言，把印度文化弄得面目全非。

奇怪的是，开伯尔山口最窄处只有600米宽，只要建起一座类似于剑门关那样的关隘，完全可以形成一夫当关——既可以挡住侵略者，又可以收关税的那种有利局面，但印度人好像就从来没有意识到要关上这扇门。在被外来民族不断攻击以后，印度人后来索性选择了非暴力不合作，简单来说就是——要么杀了我，要么你们自己滚出去，最后印度依靠这项独门绝技居然完成了国家独立。

其他古文明如南美洲的小北文明诞生于约公元前3000年，持续了1200多年，是南美洲大陆上最古老而又最复杂的文化。他们没有制造出陶器和任何艺术品，也没有文字，但在严苛的地理环境下建造了20个大城市，有自己的领袖和政府机构，先进的建筑和农业占了他们土地面积的大部分。他们还发明了错综复杂的灌溉系统。小北文明以金字塔闻名于世，甚至比古埃及建得还要早。小北文明到底算不算一种文明还存在一些争论。但不可否认的是他们影响了南美洲后来的文化，比如14世纪崛起的印加帝国。

中美洲的奥尔梅克文明于公元前1200年横空出世，又于公元前400年左右突然消亡。神秘的奥尔梅克文明与中华文明疑似有千丝万缕的联系。从遗址出土的文物来看，其文字符号与甲骨文颇为相似，礼器与殷商文物也有点说不清道不明的相似，国外有学者甚至直接说是殷人东渡创建了奥尔梅克文明。这层剪不断理还乱的关系还需要考古专家的进一步发现和整理。奥尔梅克文明虽然只有短短几百年光阴，但后续美洲文明都留有那么一点奥尔梅克文明的痕迹。

其他可以算作古文明的还有地中海的克里特文明，但克里特只是一个小岛，小岛上没有大规模的土地开发，没有水利工程，没有灌溉农业，一般的观点是克里特文明是古埃及和两河流域共同产生的次生文明，而且该文明尚存许多疑点，尤其是距离古希腊有八百多年的黑暗期无法考证，因此主流观点不认为克里特文明可以与四大文明古国并列。

非常庆幸的是，我们的中华文明不但是原生文明而且延续至今，且从没有中断过。尽管也曾长期遭受如匈奴、突厥、鲜卑、蒙古、满人的冲击，但和其他三个古文明不同的是，中华文明只有挑战者，没有终结者。除了被赶跑的，所有挑战成功者最后都皈依了中国文化，融入了中华民族的大家庭之中。其实，这个结果与我们文明发源的地理位置有着非常直接的关系。

中华文明的发源地基本集中在长江黄河流域，其中良渚文化、三星堆文化等在长江流域，二里头文化、二里岗文化、殷墟小屯文化等在黄河流域，高峰时期整个中原腹地的文明面积相比同时期其他三个文明古国面积之和还要大。

中国的地理特征非常特殊，与其他三个文明古国的母亲河不同的是，一南一北的长江黄河均是东西走向，整个区域地势西高东低，其西北面是大漠，最北面是适合放牧的草原丘陵地区，但其远离黄河文明中心地带，黄河和长江之间是文明的发源地及核心区，长江以南广阔的平原在长江这个天险的保护下是完美的战略防守区，宽阔的丘陵山地（河北北部、山西大部、陕西北部、甘肃东部等）依河流的走势与纬线、气候带基本平行，这样的环境有利于同一种农作物的生长（黄河流域主要是小麦，长江流域主要是水稻），使大部分区域的生产和生活方式彼此相近。因此，核心区大且一统。

同样东西走势的河流及山脉不利于自北向南的游牧民族骑兵的攻击，反而形成了诸多的战略纵深防守区域（如关中、巴蜀、江南等区域）。再加上东、南两面是大海，西南面则是无法翻越的青藏高原，这自然形成了一个天然的易守难攻的自然保护圈。这个自然保护圈在当时的环境下几乎是不可逾越的天险，像天神一样保护着中华文明代代相传。

特别是青藏高原的喜马拉雅山脉，这座神山护佑了中华文明的延续。之所以这么说，是因为这座山尽管阻挡了来自印度的暖湿气流，但同时也阻挡了外来的侵略。甲骨文记载商朝曾经击败过一支从西方入侵的“鬼方”军队，按特征判断极有可能是雅利安人的一个分支。甲骨文记载显示，当时武丁的妻子妇好，同时也是中国历史上第一位女性军事统帅，曾经带领部下参与战争，并取得了胜利。历史上第一个马背上的战斗民族——雅利安人一路高歌，毁灭了其他三个古文明，却在中国遭受了迎头痛击。

而在青藏高原另一侧的印度，从公元前1600多年开始连续不断地被一拨一拨的征服者从开伯尔山谷豁口入侵，特别是罗马帝国和阿拉伯帝国两次毁灭性的入侵，且不与原住民和以前的入侵者混居，使得印度次大陆直到现在依然各邦分治，不仅各种宗教教派林立，还令人咂舌地规定了18种官方语言。因此，印度社会从横向看是割裂化的，从纵向看则是阶层化的。如果要崛起为世界强国，必须解决好种姓制度和权力分散这两大致命的缺陷。

在近代以前，对中原的入侵基本上是从北面大漠而来：周朝为犬戎而设烽火台，秦汉因匈奴崛起而建万里长城，此后的五胡乱华，鲜卑、突厥、契丹、蒙古、满人，这些外来族群要么是北方草原上的强者，要么是东北森林里的渔猎高手，但几乎所有入侵中原的游牧民族除了武力以外，在其他各方面都远远落后于中原，于是最终都融入了中原文化或被中原文化所同化，成为了中华民族的一分子。后来只有当西方工业文明崛起之后，西方列强从海上入侵中国，使得中国陷入了半殖民地半封建社会，中华民族才真正处在了“最危急的时刻”。

与西方入侵者不同的是，早期入侵中原的游牧民族本来也就想烧杀抢掠一把就回到自己的帐篷喝酒吃肉的，等到缺吃少喝了就再来抢一把，但抢来抢去总有抢不下去的一天，几次三番之后看到只有种地才能养活更多的人口，种地也要比抢东西安心得多，就琢磨着大家一起种地吧。但是入侵者在人数方面劣势明显，所以也就只能按照中原农耕社会的社会结构和生活方式，而且中原的那一套治理模式运行起来也有效得多，于是就按照中原制度文化（文化是递进式的，包括物质文化、制度文化和精神文化）的方式对中原进行统治，再把自己民族的一些特色掺在里面，反而不仅秉承了中原文化，也极大丰富了中原文化的内容。

除了大的地理环境，中华文明的小地理也是老天爷特别眷顾的产物。相传大禹治水时，以山川形态把中国分为九州。九州（九宫格）可以以下表理解：

关中	山西	河北
汉中	中原	山东
巴蜀	荆楚	江南

在古代，评价一个战略要地，主要就是两大要素：山、水。也就是古人常说的山川之险。山的作用毋庸置疑，在飞机发明之前，除非有豁口，高山几乎就是天然屏障。只有山脉之间的一些狭长山谷是唯一通道。但只要在这些谷道上修筑一些易守难攻的关隘，就是兵家必争的“一夫当关，万夫莫开”的咽喉要道。

宽大而奔腾的河流，同样具有防御作用。此外，河流还同时具有另外三大功效：一是交通运输；二是农田灌溉；三是饮用水来源。由于河流具有重要的战略价值，因而在战略上山与水这两大要素，必不可少。

下面再来重点评论一下中华大地上最为得天独厚的战略要地，我们称之为“中华文明的副中心”，其中最为突出的莫过于西北面进可攻、退可守的关中了。关中就是中国第一古都——长安（现西安）及其周边地区。其三面环山，一面是黄河，古人云：“得关中者得天下。”因此，自古以来有黄帝出关中，战胜蚩尤，一统炎黄部落；周人西出关中逆袭商朝；秦国出关中而一统天下；唐建都长安一跃成为农耕文明的翘楚；李自成自关中起义打进北京把崇祯逼得上吊；而离我们现在最近的，则是中国共产党曾在延安休养生息，出关中三年后即得天下。

此外还有一块天赐的西南良地——巴蜀。就防御的角度而言，巴蜀比关中更加稳固。其南面是云贵高原，西面是青藏高原，仅有的两条通路，在北边和东边。北边剑门关是唯一通道，东面的门户重庆，是长江水路。而巴蜀位居长江上游，顺流易、逆流难，三峡乃险中之险，可谓万无一失。所以说，巴蜀之险，几不可破。加之成都平原自都江堰建成后，也成为了一个巨大粮仓，使得巴蜀是一块得之可安天下的重地。诸葛亮在刘备三顾茅庐后分析天下大势，力劝刘备以巴蜀为根据地徐谋天下。抗日战争南京被攻陷后，蒋介石也把指挥中心移至陪都重庆，一直到抗战胜利。

在中国的整个地理环境中，有一条线被称作“农牧分隔线”“文明分界线”，也叫“15厘米等雨线”，还叫“胡焕庸线”。这是地理学家胡焕庸于1935年经过大数据分析以后在地图上画的一条线。这条线划分了农耕社会与游牧社会的界限——现代地图上黑龙江的黑河到云南的腾冲这条连线。

多少年来王朝更替，多少年来气候变迁，此线以北就是游牧社会，以南就是农耕社会。这条线的东南部分约占全国36%的土地，却养活了全国96%的人口。不管历史如何变迁，版图如何改变，经济规模如何增长，发展规划如何调整，人口政策如何变化，“胡焕庸线”总是不倒。司马迁也曾明确指出有一条人文分界线，即“龙门—碣石”线（《史记·货殖列传》），大致与其重叠。中国古代的大部分农牧民族之间的战争也都发生在这条线周边。秦长城、明长城等也是沿着这条线的走向进行修筑的，并默默地维持着南北两种文明的简单平衡。

中国地势西高东低，中原的东部（山东）和江南大片的平原有着丰富的水系，非常适合农耕作业，一旦受到北方游牧民族的攻击，凭借长江宽阔的水域，这又是一块战略退守的纵深区域。而且，这块区域的空间大到可以自成一个单位社会——东晋和南宋都曾在此扎根，形成了南北政权对峙的局面。而且对峙的时间一长，北方又是在汉族人口占绝大多数的情况下，掌握政权的少数民族无法扭转这个人口劣势和文化劣势，最后不得不融入中原文化为主体的中国文化之中。

更重要的是，中国文化是一种建立在农业经济基础上的文化，而建立在牧业基础上的游牧民族文化，虽然可以通过武力进入广大农业地区，却无法用游牧文化统治农耕社会，它必须按照农耕社会的方式进行统治。加之，中华文明自古以来就拥有着天赐的战略纵深，这个纵深在空间上足以消化外族的侵略，并通过时间去同化之、包容之、融化之，使其慢慢成为自身的一部分。

2. 从地理纬度看中西文化不同的底色

人类自诞生以后，远古的石器时代、中古的渔猎时代中西文化基本类似，只是略有时差。自早期文明转化为农业文明以后，中西文化渐行渐远，并在不同的区域里走上了不同的文化之路。

农耕社会是中国文化和中华民族的底色。易守难攻而又有战略纵深的地理特征孕育了这样的文化底色。农耕社会源于植物生存规则，并以亲缘关系为轴线，遵循的是“万物并育而不相害，道并行而不相悖”，所以才会产生“双赢”的斗争策略，形成了“和合”的文化概念。危机时候抱团取暖，具有很强烈的“守”的特征。因此，中国文化主要是向内的文化，以提高精神内涵为目标，缺少宗教诞生的土壤而信奉祖先崇拜，是以伦理为本位的世俗化社会，没有对外扩张的原始动力。

古代中国在全世界处于压倒性优势的时期，也很少用强权去干涉他国内政，去弱国巧取豪夺。明王朝时郑和带着当时世界上最豪华的舰队七下西洋，也从来没有抓回来过一个黑奴，更从来没有圈占过殖民地。因此，古代中国体量巨大而温和，就像一头庞大的食草恐龙。

西方文明的发源地——地中海沿线土地贫瘠，仅凭发展农业无法养活越来越多的人口，于是战争和贸易是自然而然的选择，因此形成了游牧文明的文化基础底色。由于西方文化源自游牧社会环境，讲究实力为大，利益为尊，契约须固，理论须科学准确，因宗教信仰而形成集团组织，从长处来讲，有公共观念、有纪律习惯、有组织能力、有法治精神。但由于对“物竞天择，适者生存”、弱肉强食、崇尚武力的生存底色深信不疑，并最终形成“要么上天堂，要么下地狱”的二元对立文化。所以才会产生“非赢即输”“非此即彼”的深刻理念，有很强烈的“攻”的欲望。最近发生的中美贸易冲突中，美方的基本思路就带有浓烈的西方文化色彩：为了占据主动，保持优势地位，必须主动进攻，以获取最大的利益。同样，通过历史还可以看到，美国自1776年宣布建国开始，到今天245年时间中，只有16年时间没有发动战争，几乎无年不战。

这样的文化底色就像一头凶猛的虎豹，总是虎视眈眈地盯着猎物，缺乏必要的包容性、兼容性。由于游牧社会源于动物生存法则，将自己也安置在生物链的某一环节上，是典型的“零和”概念，并以利益的契约为纽带，危机时刻恃强凌弱。只有当双方势均力敌的时候，才会出现契约概念。因此，他们信奉的就是弱肉强食的森林法则。

西方在16世纪的文艺复兴和启蒙运动之后，率先完成文明转型，从农业文明跨入了工业文明，遂成了秦汉以后周期性轮回的中华帝国最大的挑战者和终结者，虎豹时代注定了要终结恐龙时代，古老中国也就此迎来了凤凰涅槃的新生阶段。

从当前和未来的地理角度来看，原本具有鲜明农耕文化定居状态的中国，与具有鲜明游牧文化移居状态的西方，正走向定居状态的同构性，尽管依然十分明显地体现着各自的物质文化、制度文化和精神文化的特点，但物理状态的同构性和日趋便捷的沟通交往，会加快文化之间的冲突、碰撞、交汇、比较乃至交融、互融、相融的整体进程。随着人类社会的发展，人类命运共同体现实性的生存、生机、生产、生活和生命的需求，已经成为大方向、大趋势、大走向，文化之间特别是农耕文化与游牧文化之间，最终将如何形成互融互通互享的人类共同文化，我们也将拭目以待。哪种文化的属性能够占据更大的比重，将决定未来的世界话语权，而其中的关键，在于谁能更好地阐释、演化、创新自身的文化，并逐步为世界所理解、认同、接受乃至追随！

（二）中国气候的维度

由于中华文明的母亲河——长江、黄河都是东西走向，与地球纬线和气候线走向基本平行，种植的农作物在两条江河周边也基本一致，而且东亚季风性气候实在是太适合种田，因此农耕文明就成为了东亚地区的主流。不过，看天吃饭的季风性气候也有个缺点，就是降水变化太大，旱涝往往交替而至，要么旱死，要么淹死，因此水利设施就成为了一个非常必要的补充调节器。自古以来，我们有大禹治水，有郑国渠，有都江堰，有西门豹治邺，等等。修建水利设施有一个不容忽视的特征，那就是无法依靠个人力量来实现，再有愚公移山的精神也不够用，它客观上需要一个强力机构的指挥、协调与沟通，因此大且一统的社会形态对实现这个普遍权利是最为有利的。于是，天下大势虽起起伏伏，但分久必合，中华民族从对自身生存的安全需求出发，从对一个高度集权的统一国家的本能需求出发，形成了特有的天下大统、天下大同的观念。

此外，一方面气候的变化直接影响到中原地区自身的生存发展和社会变迁，毕竟气候变化是一个普遍意义的自然现象，人类无法摆脱对自然环境的依赖，也无法逃避来自自然界的对人类社会的直接影响；另一方面对于中原地区而言，北方游牧民族——这一与生俱来的邻居，也是始终无法摆脱的伴侣或对手。

回顾历史我们看到，每当中原形成一个强盛的王朝时，草原上就同样形成了一个以利益为组合枢纽的强大游牧帝国，以对峙中原王朝。如汉朝时的匈奴，唐朝时的突厥，北宋时的辽、西夏，南宋时的金、元，明朝时的满人。在气候相对温和湿润时，由于食物相对充裕，中原地区与北方邻居基本尚可相安无事。而气候变冷时，北方游牧民族自身草场荒芜，缺吃少穿，便一路南下，直接与中原农耕社会发生冲突，全面战争因时因地因温而发生，局部战争常发不断。当然，彼此和睦、互助互通也长伴不止。

严寒的小冰期来临时对我们的影响有多大呢？以明清小冰期为例，历史记载，一般情况下从西伯利亚过来的寒流被东西走向的崇山峻岭所阻，我国南方气候温和，冬天一般温度也很少到零下，不像北美大陆的山脉大多南北走向，来自北极圈的寒流可以沿着落基山脉一直刮到墨西哥湾。但是在明清小冰期时，有诗人曾写下杭州钱塘江冬天的场景："大地气不温，重衾疑浸水。曾闻钱塘潮，冻结平如砥。"不仅钱塘江，长江也结冰近一月之久，很多河流可以直接在冰面上行走。而北方更是冷到了零下四十摄氏度左右。这样的寒冷气候还造成了连年的干旱，有的地方甚至十年不下雨。伴随干旱的往往还有蝗灾、鼠灾，这对以农耕为生的农民来说几乎是毁灭性的打击，整个社会赤地千里，哀鸿遍野；流民四窜，动乱不堪。根据史料统计，明朝末年，汉族人口大约有一亿两千万，但到了清初，汉族人口只剩下大约五千万，虽然经历了战乱，但这个小冰期绝对是主要原因之一。

因此，从历史记载来看，全面战争常常发生在历次气候寒冷期，包括春秋战国时期、东汉末年时期、唐朝后期、北宋末年时期和明末清初时期。著名气象学家竺可桢对中国历史气候进行了划分，我们将此划分与中国各个朝代更迭变迁时间进行对照后发现，每当温暖期行将结束，寒冷期逐步到来之时，就是中国朝代变迁之始，随之而来的就是各种战乱；而每个寒冷期接近尾声逐步转入下一个温暖期之时，一个逐步稳固强大的中原王朝便随之形成。

第一个温暖期是从公元前3000年至公元前1000年，历时2000年，历经夏商时期。其中夏末时中原大地上的河南偃师二里头文化成为了中华文明的重要标志。第一个寒冷期起始于公元前1000年，截至公元前850年，历时

150年左右，商王朝于公元前1046年被周方国所灭，温暖期结束的时间正好是进入商周交替之时，此时正值西周时期。

第二个温暖期是从公元前850年至公元元年，历时850年。这个时期恰是东周开始（公元前770年）历经春秋、战国、秦朝和西汉。这期间儒家思想渐成体系，并于西汉初期得以确立并推广，中国文化迅速在全区域得以迅猛发展。第二个寒冷期起始于公元元年，截至公元600年，历时600年。历经新朝、东汉、三国、西晋、东晋、南朝、北朝，至隋朝（公元581年至公元618年）。这个时期既是整个中华民族的悲惨期，也是中国文化的衰退期。

第三个温暖期是从公元600年至公元1000年，历时400年。这期间，经历了唐朝（618—907）、五代十国（907—960）和北宋（960—1127），这个时期也是中国文化的大发展时期。第三个寒冷期起始于公元1000年，截至公元1200年，历时200年。历经南宋（1127—1279）、辽、西夏、金，其间农耕文化与游牧文化的冲突不断、战争不断。

第四个温暖期从公元1200年至公元1300年，历时100

年。这时期历经元朝（1206—1368）和明朝初期。第四个寒冷期起始于公元1300年，截至公元1900年，历时600年，历经元朝明朝（1368—1644）、清朝（1616—1912）。

第五个温暖期是从公元1900年开始，历经清末、中华民国和正在发展壮大并引领整个中华民族伟大复兴的中华人民共和国。

上面对温暖期、寒冷期交替变化与朝代变迁的对照，会让我们发现每一次温暖期向寒冷期转变，就是中国朝代更迭频繁的时期，而每一次由寒冷期转入温暖期时，总有一个相对比较短暂的过渡朝代，如秦朝、隋朝、中华民国等。这三个短暂的朝代都对中国文化做出了很大的贡献，产生了巨大影响，也为下一个强大的王朝发展壮大奠定了重要的文化基础：

1. 秦始皇公元前221年统一中国后，实行了书同文、车同轨，统一了度量衡等，从政治角度看是实现了版图的统一，但实际上也实现了中国文化的一统，虽然秦朝只有短短16年国祚，但它为之后出现强大的汉帝国奠定了基础。因此，后人常常称之为秦汉帝国。

2. 隋朝历时只有38年。在表面上，后人仅仅看到了其修筑的连通南北区域的大运河，但从深层次角度看，创建的科举制度也是一项很重大的历史贡献。科举制彻底打通了士族与平民之间的封闭通道，解决了两汉以来的阶层固化问题，普通平民百姓可以通过学习文化知识改变人生命运，“朝为田舍郎，暮登天子堂”，实现自身的社会价值。也有学者把科举制度看作西方文官制度的蓝本。隋为之后的唐帝国奠定了基础，为此，后人也将此段历史称为隋唐帝国时代。

3. 离现在最近的短暂政权是中华民国，它存在只有37年。其间最为突出的成绩就是取得了抗日战争的胜利。而在文化上的成绩，是通过五四运动将文言文改造为白话文，使得文化知识更加贴近民众生活，文化传播的范围也更为广泛，而其之后便诞生了伟大的中华人民共和国。

按照我们分析，之所以出现这种现象，依然是文化重塑本身存在一个过程的问题。即在这些短暂朝代之前一般都处在寒冷期，正值政权分裂、文化分裂和民族分裂之时，为争夺生存空间、生活资料和生命延续，一切社会秩序、人文规则往往会被泯灭人性地践踏到消失殆尽。而当气候开始由寒变暖之时，生存、生活、生产的基本资料开始慢慢得到恢复，族群之间也逐步开始各分其类、各得其所、各有其归，新的社会秩序和人文规则逐步开始重建。

由于前期政权之间、族群之间、文化之间的争斗、冲突和碰撞，迫切需要一种各个族群都能够接受的文化内涵和文化形式，以便打通彼此、消解矛盾，这样文化内涵的简明划一、文化形式的化繁为简成为了一种必然。同时，新政权也有一种文化一统的政治需求和统治需要，所以往往会在社会巨变过程中拿出一整套巩固现时政权的文化突破，由此反而促进了文化一统。

与此同时，从混乱中建立起来的政权，在争夺政权的过程中往往都是以武化的方式所获得的，或者是走极端武化的道路，或者是借外力武化扶持的道路，或者纯粹是历史的巧合。但是，如果在武化夺取政权后未能及时进行统治的文化调整，特别是未能及时按照统治区域人文需求进行文化调整，很容易走上历史的定律，即“可以在马背上得天下，无法在马背上治理天下！”并没有真正走上“逆取而以顺守之”的长久之路。

经过以上分析，我们可以很清晰地看到，每到温暖期时，就是农耕社会、农耕文化重建、创新、发展、壮大的时期，也是以农民、农业为主体的中华民族发展壮大的时期，更是中国农耕文化的大发展时期，包括第一个温暖期孕育产生了中华文明。二里头遗址博物馆已经于近期开馆（现处河南偃师，约为公元前1900年至公元前1500年夏末商初的文明），这里有迄今为止考古发现最早的青铜器，之后是二里岗文化、殷墟小屯文化等，包括形成了体系化文字的甲骨文、传说中周文王被关在朝歌的羑里写的《周易》。这些都产生于第一个温暖期。

第二个温暖期产生了以孔子为代表的体系化的儒家思想，它源于周礼，却超越周礼，是中国传统文化的重要根基。自西汉以后，以儒家思想为代表的中国治世文化思想，成为了之后2000多年中央集权王朝的思想武器。

第三个温暖期就是唐朝，也包括北宋。主要是文化输出和文化包容阶段。

第四个温暖期极其短暂，但也在南宋时期产生了理学大家朱熹、明初产生了心学大家王阳明。

从气候文化角度来看，现在正值第五个温暖期，又来到了中华民族和中国文化重大发展时期的门口，中国文化密码的进一步解析，文化内涵的进一步体现，以及中国文化基因的全面传承和创新发展正逢其时，我们完全有理由相信，中华民族伟大复兴将迎面而来，并且非常坚信我们这一代人在有生之年，可以迎来并真正感受到中华民族的伟大复兴！

二、中国传统文化密码之二

——未曾中断的文化奇迹

网上曾经有个段子说道：

五千年前，我们和古埃及人一样面对洪水；

四千年前，我们和古巴比伦人一样玩青铜器；

三千年前，我们和古希腊人一样思考哲学；

两千年前，我们和古罗马人一样四处征伐；

一千年前，我们和阿拉伯人一样无比富足；

现在，我们和美利坚一较长短！

五千年了，我们一直在世界的牌桌上打着麻将，而另外几家已经换过好多轮了。

可以说，这段话很生动地比喻了中国延续至今的历史，而之所以我们对自己的历史能如数家珍，就是因为我们喜欢把几乎所有的社会活动都记录在史书里，人类历史上从来没有一个文明能像中华文明那样留下那么多的历史资料，而且都是现代中国人可无障碍阅读的珍贵文献！

我们有官方的“二十四史”，也有各种民间的野史稗料。南宋人陈傅良曾说：“本朝国书，有日历，有实录，有正史，有会要，有敕令，有御集，又有百司专行指挥、典故之类，三朝以上又有宝训；而百家小说、私史与大夫行状志铭之类，不可胜纪。”

所以，在当今中国，如果你想扩大眼界，可以读历史；如果想少踩坑，可以读历史；如果想提升人际关系，也可以从历史中得到启发。

这就是我们伟大的中华文明留给我们的宝贵财富！

（一）中华文明的诞生——夏末商初至甲骨文的形成

不久以前，中国的良渚古城申请世界文化遗产成功，虽然已经达到了非常发达的文明程度，但距今超过五千年的良渚文化早于有记载的历史1000多年，目前把它看作中华文明的起源还有待进一步的挖掘和分析。

就目前普遍意义上所认同及相关考古资料来看，中华文明从史前文明过渡到文明形态的最早代表，是夏末商初的河南偃师二里头遗址。考古发现，河南省偃师二里头文化遗址总面积3.75平方公里，距今3700多年（约公元前1900年至公元前1500年之间），二里头文化上衔龙山文化，下接商文化，与历史记载的夏朝正好吻合，而二里头遗址的考古发现还完全具备了西方学界判断一个文明的三个要素。

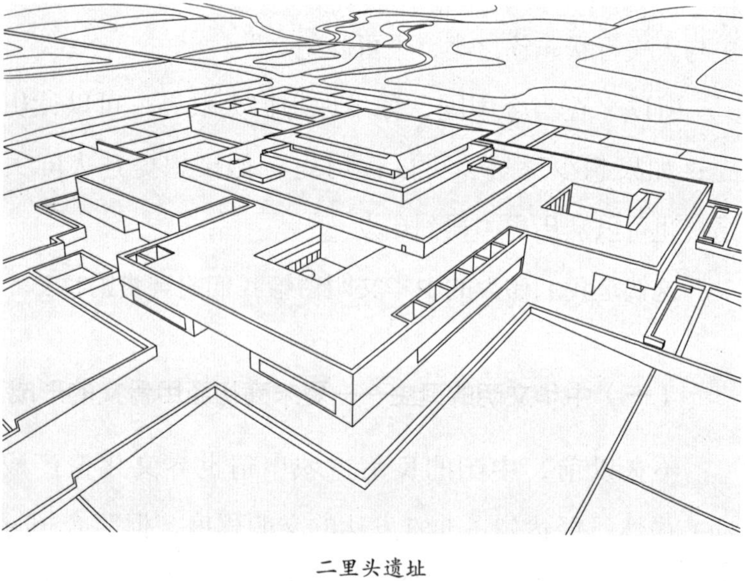

二里头遗址

在二里头文化之前，全国各地还有红山文化、仰韶文化、良渚文化、龙山文化、陶寺文化、三星堆文化、石峁文化等，这些文化形态遍布长江、黄河流域，形成了满天星斗的局面，但都没有形成“文明”的形态，也就无法称之为“文明”，只能说有氏族文化向“文明”转化的迹象。而炎帝、黄帝、蚩尤等更为古老的历史传说人物，只存在于传世文献或古籍之中，目前还没有考古实证来证明他们的存在。因此，比较公认的说法是中国的实证历史有3700多年，而激进点的历史学者就说中华文明有5000多年的历史。

经过不断的努力，最近的考古发现又将中国形成文明谱系的时间向前推了1500年左右，这样中华文明5000多年的历史遗迹逐渐浮出水面。可以想象的是，满天星斗般的史前文明形态会不断在中华大地上被发现，一幅群星璀璨、生生不息、不断融合的历史画卷将最终呈现在我们的面前。

到了商代（约公元前1600年—约公元前1046年）后期，中国的文字发展日趋成熟，虽然甲骨文是传世至今的文字系统，但江西吴城的陶文、三星堆的文字等也已经成熟化运用了。很难想象甲骨文这样成熟的文字会突然出现。因此，据推测武丁时期形成体系化的甲骨文，极有可能是从距今9500年前河南裴李岗文化的贾湖契刻符号逐步发展而来的，它之所以能够形成体系化的文字，应该是吸取了各家文字系统的所长，甚至也可能吸收了外来文化的一点精华（如哈拉巴的印章文字），在这里第十代商王盘庚起到了十分重要的作用。

商人以贸易立国，青铜冶炼技术独步天下，随着统治区域扩大，数次迁都。商王盘庚迁都安阳后，整个商朝社会才真正地从游牧状态安定为农耕状态，其后又通过一连串的战争将疆域面积扩大了数倍。也正因为实现了真正的社会安定，才会安定于某个稳定的区域从事农业生产，才会体系化形成广泛意义的通识文字，也才会思考如何有效地巩固和稳定自身的政权统治。因此，中国历史圣人辈出，这些人当中，盘庚肯定是有一席之地的，因为他可以算得上是中国农耕定居社会最重要的奠基人。

成熟文字体系的出现使当时的社会具备了两种重要的能力：一是具有记录和阐释历史的能力；二是具有对未来发展的组织能力，从而实现对未来的把控。但蹊跷的是，中国历史在这个地方，偏偏打了一个结：盘庚之前的记录竟然完全丢失了。因为现有的甲骨文记录上限均止步于盘庚，盘庚之前的材料可能不仅是今人，就是古人也未曾得见。因此，夏代历史和商前期历史，一直就是一个谜。我们特别期待中国的考古界能够有新的发现，以帮助我们更多更深地了解和认识我们祖先的足迹。因为正是他们的出现、存在和努力，才使得整个中国历史能够延续传承至今，并成就了现在的我们！

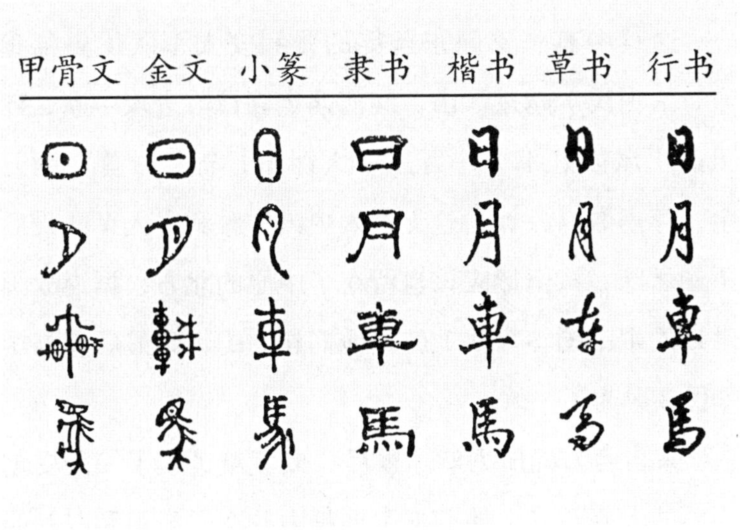

中国文字演变

除了盘庚，商朝还有一位值得大书特书的在中国历史上有据可查的女性军事统帅，也是女政治家——妇好。大约3500年前（公元前1500年左右），地球进入了一个小冰期，高纬度地区的生活条件急剧恶化。靠狩猎和采集为生的游牧民族纷纷向温暖地方迁徙，其中最为强悍的即是来自乌拉尔山脉南部草原上的有着“文明粉碎机”之称的雅利安人。率先掌握了骑马打仗、青铜器技术的雅利安人踏碎了希腊的迈锡尼文明，又将两河文明数千年的文化一扫而空，还进入了印度将印度原住民征服。

这其中有一支向东迁徙的雅利安人军队（史称鬼方、大月氏）越过天山，经河西走廊冒险进攻中原，商王武丁派妇好率军一万三千人西出，斩“白首”两万余，俘虏数以万计，这支进入中国的雅利安人军队最后不知所踪，按情形应该也留在了中原的北方，据说战国时期的中山国（白狄）就是他们建立的，到最后也与中华民族融为了一体。

来自西方的压力解除以后，商朝就进入了一段安定团结的大好时光，他们把主要精力放在了祭祀和占卜的仪式上。在周围部落与方国的眼中商族就像是神一样的存在，这些部落和方国只有借助于商人（神父）才能获得与神（自然）的沟通，于是在这种沟通过程当中自然而然地孕育了《易经》，而纷繁复杂的祭祀仪式，则又为周礼的诞生提供了充足的条件。

（二）中国传统文化形成体系化的阶段——周公旦至汉武帝

1. 商周政权的交替——人类历史上的第一次文明启蒙

从甲骨文记录来看，商王朝的统治并没有形成非常有效的官僚系统，而是以巫术占卜辅以绝对的武力来统领各个方国。如果把摆脱宗教迷信回归人文，把从鬼神迷信阶段进入理性思考阶段视为人类文明启蒙的话，那周人翦商废除巫术改为礼乐制度就是人类历史上的第一次文明启蒙。

周人提出的“天命靡常，惟德是辅”触及了中国传统文化的内核。这句话本来是直接针对末代商王帝辛之言“我生不有命在天” 的。周人的意思是说上苍眷顾有德行的人，取得政权依靠的是道德标准，而商王说的是君权神授。

同时，传说中周文王在羑里所拟定的《周易》，不但是周人的政治口号（以德配位）和朝代变更的理论宣言（变是常态，变是有规律的），更是周人以系统化的思想文化改变了中华文明中的宗教基因，一步完成了现代意义上的文化启蒙。而与此同时，地球上的其他文明还在热衷于各种各样的神灵崇拜!

“以德为标准进行变化是社会发展的规律和常态”——这个实际上就是周人“文化”示人的文化战略。“天命靡常，惟德是辅”的提出和《周易》的出现，对于中国传统文化的初萌而言，既是其内在核心——“德”的要求，也是对中原社会发展规律——“变”的揭示，这些都为华夏子民奠定了初具雏形的社会人文秩序，也是中国传统文化体系化迈出的坚实一步。

史学家夏曾佑曾说，中国之教，得孔子而后立。中国之政，得秦皇而后行。中国之境，得汉武而后定。此三人是中国历史上最重要的三个人。不过，我们还需要着重指出商朝和周朝这两个朝代，商朝奠定了农耕基础，周朝奠定了文化基础，这是两个塑造中国传统文化基础基因的伟大朝代。

2. 周礼——创造性地厘定了国家治理秩序和社会人文秩序

周族世世代代生活在关中，最初只是商王朝的一个方国，后来联合其他部落和方国逆袭成功，并推翻了殷商王朝，开启了周王朝时代。周王朝初期势力范围比殷商王朝要小得多，而且与周边蛮戎夷狄等游牧部落的势力范围犬牙交错，王朝安宁朝不保夕。

为保证王朝的生存和发展，周公旦在继承了商代的文字书写系统和宗庙制度的基础上创造性地设计了以分封制和宗法制为核心的礼仪制度——周礼。其中分封制是国家治理秩序，而宗法制则是社会人文秩序。

分封制主要负责国家管理、扩展疆域，而宗法制建立了社会秩序、容纳族群，并以“揆文教、奋武卫”的手段教化子民、巩固政权，以此不断吸引、交融周边蛮戎夷狄的认知、接纳、遵循，进而丰富发展周礼文化。周朝作为一个方国，要与周边这么多人方、虎方、鬼方等许多不知名的部落周旋，仅靠自身武力是无法战胜的，也只有靠文化！

3. 孔子们的人文理性探讨和社会教育实践

公元前771年西周王室覆亡，不少贵族沦落到下层社会，即所谓的“礼崩乐坏”阶段。但这些贵族成员在进入社会底层后，周礼中的教育功能也随着贵族们的扩散影响到了整个社会，其中最有成就的当数孔子，而最鼎盛的教育机构当数战国时期齐国的稷下学宫。

孔子之所以一直受到中华民族的尊重，就在于他把周礼成熟的教育体系平民化了，这种专注于“以文化之”的教育理念，直到今天还散发着理性的光辉！辜鸿铭评价孔子说：当中华文明这个建筑即将毁于大火时，孔子抢救出了这个建筑的图纸，将其保存在“四书五经”之中，并按照文明的蓝图做了新的综合和阐发，影响了中国人两千年。有意思的是，作为商汤的后裔，孔子却在继承周礼的道路上始终坚持不懈，忠贞不渝！

公元前600年至公元前300年，史称“轴心时代”。人类文明的发展从量变到质变，全人类最聪明的人几乎一下子一起诞生了，从东到西同时出现了数位人类伟大的精神导师。释迦牟尼比孔子大14岁，孔子死后10年，苏格拉底诞生，亚里士多德比孟子大12岁，比庄子大15岁，而韩非子只比阿基米德小了7岁。虽然因为地理位置和政治格局的不同，东西方孕育出了迥然不同的人类文明，但轴心时代散发出的理性光辉，贯穿了人类数千年的思维特质。

春秋战国时期的“百家争鸣、百花齐放”诞生了中国历史上最为密集的学问大家群：道家老庄，儒家孔孟荀，法家韩商，墨家墨子，兵家双孙，名家惠施、公孙龙，纵横家苏秦、张仪，杂家吕不韦，等等。这些大家各自又带着一大批弟子以周游列国的方式在中原大地上传播教化着整个华夏民族。他们这些行为完全是自发的，更是自身人文信仰的坚定履行。曾几何时，中国文化的传播面积达到了40万平方公里以上，超过世界上同期其他几个文明区域之和，文明水平也远远超过其他区域。

稷下学宫作为“孔子们”的文化论坛、政治论坛存在了约126年，当时几乎所有的学问大家都访问过稷下学宫，有些还曾担任过祭酒、博士等。稷下学宫的主旨是“议而不治”，大家们进行学术交流，观点碰撞，思想交汇。它既是中国最早意义上的大学，与古希腊的雅典学院也几乎是同时出现的，也可以认为是中国政治协商制度的最早雏形，可以说稷下学宫的出现意义十分重大。

“孔子们”的教化是“文”，而通过转化为政治力量（社会组织力量）、军事力量（社会动员力量），则是“武化”，这时候可以看出“文化”向“武化”的转变。说到底，“文化”是“武化”的基础。软实力可以转化为硬实力，商鞅变法的成功是最好的佐证。

对于这一点，其实非常需要我们很好地认知文化的力量。文化是基础性力量，需要一大批真正潜心为之努力奋斗的真正文化人，有这样一批人最终才能将无形的文化转变为有形的武化，将柔中带刚的软实力转变为铿锵有力的硬实力！

4. 秦王朝——中国历史上第一个文化共同体

轴心时代的聪明人如果没有国家力量的加持，那他们的思想也终将随风而去。因此，秦始皇带来的帝国时代，第一次实现了中华版图政治、文化的大一统。武力可以打下江山，但要维持统一还需要文化的力量，这也是亚历山大和拿破仑都想做而最终未能做到的根本原因。块状分布的春秋战国时代初步形成了中国传统文化的雏形，而覆盖全区域一统天下的秦王朝则是新型中国文化体的滥觞，它既是一个全新的国家政体，也是中国历史上第一个真正意义上的文化共同体！无论是车同轨、书同文，还是度量衡、行同伦等，看似是服务于一个政令统一的国家，以保证行政统一的需要，但实质上是服从于建设文化共同体这一核心目标的。

奠定中国此后2000年国家形态的秦王朝，以政治、文化统一的姿态走上历史舞台，并成为中国文化历史上，非常值得大书特书的朝代。如果没有西方在近代的挑战和推动，秦王朝的模式也许能传之万世。此后无论是北魏孝文帝、忽必烈，还是爱新觉罗家，在拿起《论语》的时候，他们都自觉不自觉地继承了秦始皇的法统。但治理结构还不完备的秦王朝只有短短16年国祚，汉朝接过了中国文化统一体的大旗，并以新的意识形态奠定了中国文化绵延至今的文化的内容基础。

5. 汉武帝——中华文明从此有了民族属性

汉武帝根据现实和推动国家发展的愿望，在意识形态上独尊儒家，并且决定其不可被批判。如果说秦始皇确立了以法家为核心的君主政体，汉武帝则用儒家思想包装法家，形成外儒内法、王霸共用的统治基调。此后“天命靡常，惟德是辅”的思想深深影响了每一个当政者，中国历史上的当政者并不会，也没有必要把民众的需求与自己的政权对立起来，即使因为官僚集团的腐败而不可避免地达到周期性崩溃的临界点，也总是能在短期的战乱之后再次按照儒家的意识形态重建帝国，进入下一循环周期。这样的循环一直延续到了清代，才因为西方的炮火而彻底结束。

汉朝灭亡以后，“汉族”这个以文化划分族群的概念，从这时起就取代了华夏族，成为了2000多年来身份认同的标识。同时，这也是“国破姓出”民族身份的翻版。

从表面上看，汉族是因为汉代的灭亡，而得以保留下来的民族称谓。而从深层次角度来看，实际上是中国文化对民族身份渗入的外在体现。亦可以说，中国传统文化已经作为一个成熟的文化体系，融入贯穿于整个中华民族的内在思想。

可惜的是，中国文化过早完成启蒙，农业文明发展成熟而且异常稳定，其后2000余年缺乏主动求变的内在动力，不但没有再次突破，甚至还有后退，且迟迟没有意识到人类文明已经转型，工业文明的时代已经来临，终于在西方完成启蒙运动后被全面反超，成为了落后挨打的一方。

中国文化好似一个有机的生命体，往往需要内在的动力和外在的压力进行不断的打磨和摔打，才能唤起生命的活力和动力。特别是近代以来的百余年，在来自西方列强的入侵和西方文化的冲击下，面对濒临亡国亡族亡文化的关键时刻，中国文化再次绝地而起，尤其是中国人民站起来之后的70年的文化重构和文明转型，有力地推动了整个中华民族走向复兴。

要完成中华民族复兴的光辉伟业，则不能完全照搬西方游牧社会底色的文化特征去完成文明的转型，只有依靠我们的传统文化兼收并蓄、包罗万象的农耕社会底色，不断挖掘中国传统文化的精神内涵，创新发展传统中国的文化秉持，才能走向中华民族的伟大复兴。这也是文化自信的必要基础。

三、中国传统文化密码之三

——文化认同的中华民族

民族（nation）是西方近代民主革命之后兴起的概念，因为与国家（nation）共用一个词，所以随之而来的还有“民族国家”这个概念。这种纯粹以血统、宗教、地域、语言、服饰等差异来区别不同人群，其实带有非常浓厚的政治目的而非社会学概念。民族独立已经越来越成为世界上矛盾与冲突的一个主要燃点。比如南斯拉夫的塞族、克族和阿族虽然同为斯拉夫人血统，却硬是因为宗教信仰不同而被划为不同民族，而卢旺达的胡图族和图西族的区分标准更是经不起推敲，此二者皆留下了不忍直视的血的教训。

与其他国家和民族一味在追求万世一系的民族血统，并排斥其他不同民族血统不同的是，中华民族毫不讳言自己血统的多样性，所以现在的中国，“民族”这个词早已超越了世界语境下的那种狭隘的定义，其创造性地把“族”与“心”（价值观）直接等同，强调“非我族类，其心必异”，以文化认同代替了血缘认同，建立了属于我们自己的民族概念。

西方学者霍布斯鲍姆认为，民族确然为现代世界的发展贡献出了很大的力量，但是在总体上是呈现一个逐步衰弱的趋势，民族国家和民族主义必然灭亡。他发出了预言：相反，未来的世界历史绝不可能是“民族”和“民族国家”的历史，不管这里的“民族”定义是指政治、经济、文化上的还是语言上的。在未来的历史上，我们将看到民族和族群语言团体，如何在新兴的超民族主义重建全球的过程中，被淘汰或整合到跨国的世界体系中。

因此，我们完全不必在意陕北的农民和福建的渔民在生活方式、生产方式、语言习惯上的差别，也一定要记取本属于同一种族和文化的塞族和克族，在政客的煽动下变得相互仇视而使巴尔干地区血肉模糊、支离破碎！我们强调中华民族的概念是为了团结而非分裂！

（一）“中华民族”概念的由来

中华民族这个概念，最早是由梁启超在其1902年所撰写的《论中国学术思想变迁之大势》中提出的：“中华民族的发展历史也是各民族共同认知并形成中国文化的发展历史。”随后袁世凯以中华民国临时大总统的名义，自觉运用“中华民族”这一概念来处理边疆事务，此后孙中山、李大钊等政治家、思想家均以“中华民族”的概念发表文章，1933年《小学社会课本》（上海中华书局）最早将“中华民族”这一概念放入了教科书，正式确立了“中华民族”名称的合法性。

因此，“中华民族”从一个新名词到现今的核心概念也就100多年的历史。可以说，“中华民族”观念的形成与演进，一直伴随着中西方思想的遇合与古今观念的交汇，表现出民族与国家的纠结，这直接影响到现代中国人民族认同方式的建立。

中华民族这一由56个民族共同组成的民族集体，是中国文化的创造者、秉持者，更是中国文化的创新者、发展者。从民族构成角度来看，中华民族是由56个民族组成的民族共同体；而从历史角度来看，中华民族实际上是这56个民族的文化集合体。

现在社会上有很多人都在通过编写家谱来寻找和建立自己的家族文化，从而使自己的家族能够秉承发展。但大家似乎都忘了一点，我们每一个家族都是中华民族这个大家族的组成部分，而中华民族本身，实际上就是中国过去、现在、将来最大的家族。只有充分挖掘、主动认识、有效把握中华民族这个大家族的文化由来、文化构成、文化特点、文化规律等，才能支撑和引领我们每个家族的传承更替、兴旺发达。

（二）中华民族的历史记忆

中华民族的前身是华夏族，华夏族来源于炎帝与黄帝的部落联盟，后来位于东亚大陆的其他地域文化与华夏族先是对立冲突，然后融合汇集，最后形成了以汉族为主体，又包容万象、兼收并蓄各族优秀文化的中华民族。因此，中华民族和中国传统文化一样，从一开始就具有包容性和多元化的特征。

1. 春秋至秦汉——以礼仪为特征的民族互动。在春秋战国时期，华夏诸族与四夷之间的界限划分，并不是完全意义上按血统族群来划分的，而是按所持的礼仪标准来界定的。远处东南的吴越二国就是因为秉持礼仪而为华夏各国所接纳。秦帝国为最终统一中国发挥了极为重要的文化铺垫作用。

2. 魏晋至隋唐——文化交织的民族汇集。魏晋南北朝是中华文明继春秋战国之后的第二次文化与民族大融合，包括波斯、印度、粟特、西域、蛮俚、百濮、北族、东南亚以及中原各地未曾发掘的民间文化，都以前所未有的深度和广度，融入了以华夏传统文化为主干的新生文化之中。

南北朝虽然纷乱残酷，但民族的融合终究是利大于弊，杂居、通婚、改姓改名、各族群用相同的语言文字互相学习和共同发展，这时候文化的接受和认同，逐步变成了对汉民族这个中华民族的主体民族的接受和认同，民族间的差别最终得以消失，至彰显文化优势的隋唐帝国时期，终于融合成了新的中华民族。

由汉经南北朝而至的隋唐，经历了历时数百年的长时间的胡汉结合，可以说是建立在汉民族为主体的新型民族体，同样也是以中国文化为核心的新型文化体。在贞观之治、开元盛世后，唐朝的政治、经济、文化取得了空前的成就，站在了世界文明之巅，而且其泱泱大国的气度和自信，使得其文化输出如滔滔江水，连绵不绝，四海咸服，万国来朝。

3. 宋——民族对垒的文化交融。到了宋朝时期，东亚大陆上的北方民族已经从游牧部落发展成了半游牧半农耕国家，在文化与经济上与宋朝一直齐头并进，保持着相对的均势。因此宋朝与辽、金、西夏等少数民族政权并列而行、或战或和、交织运行。与此同时，这些并行而治的政权又一直不断地相互学习与借鉴，共同丰富了中国文化的内涵与外延。因此，就文化角度来看，这个时期宋、辽、金、西夏更像是同父异母的几个兄弟，像辽、金总是以“中国”自称，我们完全可以把它们看成是战国七雄在那个时代的翻版，而把元统一中国看成是秦的一统天下。它们之间的战争也谈不上哪个民族侵略其他民族，也可以看作战国时期各个国家的相互攻伐。

4. 元、明、清——文明冲突的民族交汇。元、清二代虽然是作为异族征服了中国文化，但它们从来也没有抗拒族群的融合、文化的融合，族群之间的隔阂已经基本消除，族群之间的习俗基本融合，族群之间的通婚联姻十分普遍，而元、清二代的外交国书则常以“天朝”

自称，在它们眼里自己继承的是华夏皇统，其礼仪都是遵照周礼来进行，其语言也是继承了汉语传统。这种以文化认同为基础的民族自觉，成为了一种自觉意识和自觉行为。这时，文化成为了消融民族差异的纽带，成为了荣辱与共的民族合力。

到了当代中国，整个中华民族则肩负着民族复兴的文化重任。

（三）中华民族是秉持中国文化的大集体

现如今56个民族之所以能融入中华民族这个大家庭，并自觉自愿地为这个大家庭做出自己的贡献、体现出自己应有的价值，关键在于大家共同认同一个普遍意义的称谓——我们是“中华民族”的一员，更关键在于大家共同遵循一个普遍意义上的文化认同——56个民族共同传承发展的中国传统文化，并自觉自愿地选择了以中国传统文化为基础而建立形成的符合中国特点的发展道路，以及维护中国社会发展的政体模式和国体制度。

因此，在整个历史发展过程中，实际上存在着一个朝代不断更迭的具象而有形的实体中国，以及一个不断传承中国文化的抽象而无形的文化中国。每个民族都在整个中华民族的发展历程中，从不同的角度和不同的方面，为丰富、发展、传播中国传统文化做出了各自不同的贡献，并使得中国文化成为了世界上唯一没有中断，并至今仍在不断丰富和发展的具有悠久历史传承的现代文化。

因此，中国文化凝聚于中华民族的发展而发展、壮大而壮大，这些宝贵的中国传统文化精髓，不仅有利于加快推进中国社会的发展，也是推动人类思想进步的圭臬，需要传承中国文化衣钵的中华民族中的每一位成员负有历史责任感地发扬光大。

（四）中华民族具有无可复制的强大生命力

在中国历史上，曾经发生过无数次异族侵入中原的事件，其中规模比较大，比较激烈的冲突、对抗甚至导致文明危机的一共有七次。

第一次——西周末年至春秋战国时期西方犬戎部落的入侵。“戎”在古代是中原以西各族的泛指，因为将白犬视为部族的图腾而被称为“犬戎”。在整个西周时期，犬戎是威胁最大的首要敌人。公元前771年，西周发生内乱，犬戎一举发兵将西周末代君主周幽王杀死，导致西周灭亡，拉开了东周春秋战国的历史序幕。周王室东迁后，秦国与犬戎之间开展了长达百年的战争，最终秦穆公收服犬戎二十余部，“遂霸西戎”，犬戎各部就逐渐融入了中原，其主体部分最后成为了中华民族的一部分。

第二次——秦汉时期匈奴的入侵，时间长达四百年之久。秦汉时期，北方游牧民族——匈奴崛起，这支力量比犬戎更擅骑射，北方人民深受其害，因此秦朝修筑了万里长城以求防御，而汉朝则组织力量主动反击，特别是汉武帝时派卫青、霍去病反击匈奴，把匈奴赶至漠北，导致匈奴南北分裂。南匈奴投降了汉朝，逐渐与中原完全融合在了一起，其王子金日磾还做了汉武帝的托孤大臣。北匈奴则一路向西走，一部分到了法国，一部分到了英国，一部分到了西班牙，最后灭亡了西罗马帝国，几乎打遍了整个欧洲，现在有遗传学家分析称匈牙利人传承了匈奴人的大部分遗传基因。

第三次——魏晋时鲜卑等“五胡乱华”，时间大概三百年。西晋统一全国后不久即发生“八王之乱”，国力逐渐衰弱，塞外的匈奴、鲜卑、羯、羌、氐等族趁机在北方陆续建立了数十个政权，其中存在时间较长和具有重大影响力的有十六个国家。北方生灵涂炭、赤地千里，沦为了五个民族的狩猎场，北方人民为躲避胡人的残暴统治和屠杀，纷纷南迁。“五胡乱华”这一历史阶段给中华民族带来了深重灾难，北方汉人从数千万骤降到四百万，几近灭种。但北魏孝文帝拓跋宏带领族人改汉姓，着汉服，行汉制，主动汉化，中华文明起死回生，而最后那些扎根在北方的胡族也与汉族彻底融合在了一起，既使中华文明回血复活，更进一步丰富了中华文明的内涵。

第四次——隋唐时期突厥和吐蕃的侵犯，时间约三百年。突厥原来活跃在今天蒙古国及我国新疆和内蒙古部分地区，后来分裂为东、西突厥。东突厥向隋、唐王朝投降，像南匈奴一样慢慢地与华夏民族融合在了一起。而西突厥被唐朝击败后则向西行，来到了土耳其，后来打垮了东罗马帝国，占领了君士坦丁堡。但唐朝失之于宽仁，导致了安史之乱。吐蕃就是今天的西藏地区，唐朝时期有文成公主入藏和亲，但唐蕃关系并不好，多次爆发过战争，至元朝时期吐蕃并入中原朝廷。

第五次——五代、南北宋时期契丹、女真及西夏的侵犯，时间大概四百年。唐朝灭亡后契丹人日益强大。

后晋的大汉奸“儿皇帝”石敬瑭割让幽云十六州给契丹，让中原门户洞开。公元916年，耶律阿保机统一契丹各部，和以往游牧民族松散的部落联盟不同的是，契丹学习汉律建立了强大的契丹帝国——辽国，在政治结构和社会组织能力方面丝毫不逊色于北宋，而后女真、党项等亦仿效契丹建立了金国、西夏国，与中原相峙400年之久。这些政权在国家结构上与宋相差无几，文化上也积极向中原靠拢，已经成为了中原王朝的真正对手。

第六次——元明清时期蒙古、满人的侵犯。公元1206年成吉思汗统一漠北，建立大蒙古汗国，先后灭辽、西夏、金等国。公元1279年，南宋在抵抗了45年之后，崖山一战全军覆没，十多万南宋军民投海自尽，元朝遂统一中国，这是中华文明第一次被游牧民族统治全境。

公元1644年，李自成攻入北京，明崇祯帝自缢殉国。满人（女真后裔）趁乱入关，统一中国。这是中华文明第二次被游牧民族接管，女真族也是唯一在中国历史上曾两度建立过中原王朝的少数民族。有日本学者论断：“崖山之后无中国，满清之后无华夏。”认为中华文明至宋而斩，至明而亡。但中国文化虽经元清两朝，却依然习汉字、说汉语，仍然仁义礼智信、温良恭俭让。凭着中华民族的强大韧性，虽然可以失败，但从不屈服，而且只要还有一个说中国话的人，他便是中国，他便是华夏。

第七次——近代西方帝国主义和日本帝国主义的侵略。之前虽几经磨难，就算灭国，中华民族还从来没有消亡之虞。但自1840年之后，一切都不一样了，从1840年第一次鸦片战争到1900年的八国联军侵华战争，中国逐渐沦为半殖民地半封建社会，中华民族遭遇到了千年危局，一个远比中华农耕文明先进的西方工业文明让中华文明处在了从来没有过的不堪一击的局面。尤其到了1931年，日本帝国主义发动侵华战争后，从最高层的精英到下层百姓，亡国亡天下的悲哀在整个社会蔓延，正像国歌中所唱“中华民族到了最危险的时候”，诚非虚言。但在付出了3500万生命的代价后，中国抗战赢了；随后1949年中国人民又赢了，中华文明在无限接近灭亡的那个时刻，无比顽强地拐了个弯，彻底结束了外国侵略者给予中国的屈辱历史。

通过历史，我们可以发现中华民族有个很特殊的现象，那就是每当外敌入侵的时候，看似是中华民族的危机，但同时也是中华民族的转机。

西周被犬戎灭后，迎来了春秋战国，百家争鸣，百花齐放，使中华文明达到一个前所未有的高度；“五胡乱华”，中华民族几近灭种，但随后而来的隋唐王朝，达到农业文明的巅峰，也成为了中华文明的标杆；抗日战争胜利后，中国人民彻底赶走了外国侵略者，于1949年成立中华人民共和国，经过70余年的发展，现在的中国成为仅次于美国的世界第二大经济体，迎来了中华民族伟大复兴的最佳时机。

中华文明为什么总能起死回生，展现出如此强大的生命力呢？因为中华民族具有像大海一样的包容性和开放性，也因为中华民族具有永不服输的抗争精神。像大海一样的包容性和开放性，使中国历史上虽然几经外敌入侵，导致长时间的动乱局面，在一定程度上阻碍了经济的发展，导致了文化的危机，但却促进了中国各民族之间的融合。中华民族就像不拒细流的大海一样，以其宽广的胸怀和强大的包容性、开放性，兼容并蓄地吸收各民族的优秀文化。

而中华民族永不服输的抗争精神，使中华文明虽历遭劫难，被西方列强的铁蹄蹂躏了百年，却从没有被彻底征服。

《易经》云："天行健，君子以自强不息。"无论在世界哪个角落，中国人总是想办法改变自己的命运，用自己的汗水和智慧去争取幸福美好的生活。"不经历风雨，怎能见彩虹"，外部压力与挑战越大，我们的民族凝聚力就越强。

四、中国传统文化密码之四

——文化传播载体

人类文明进步和发展，在某种程度上讲是通过人与人之间不断进行信息的取得、互补、沟通而逐步实现的。这里所说的信息，实际上就是人类在生产生活中获得的知识、学术、技能，以及思想、观念、理念等。不断压缩人与人之间的信息不对称，是解决人与人之间认知差异、技能差异、观念差异的根本手段之一。

文化本身是彼此影响、相互改变的过程，而要达到影响、改变就必须通过交流沟通才能做到，这之间的技术性通道就是彼此之间的通信手段。通信技术越是先进，信息不对称问题就解决得越好，推动人类文明程度的能力就越强。

伴随通信技术先进性的取得，包括材料技术、电子技术、通信规则等也都将发生重大变革。也就是说，以推进通信技术先进性为龙头，会引领带动一系列与之配套的技术革命。可以说，通信技术是一个可以非常现实且非常直观体现人类科技进步的标志性技术。通信技术的不断创新发展，可以进一步压缩人与人之间信息不对称的空间和时间，从而推动人类文明进步的水平。

从技术角度来说，通信手段实际上就是文化传播载体技术。传播的文化内容包括各种指令、文字、画面、视频等。谁掌握了文化载体最先进的核心技术，谁就掌握了引领世界的主动权！

当前美国之所以拥有国际话语权，并不是美国的文化有多先进、制度有多优越，而是因为美国掌控了当前世界上最先进的通信技术或者说文化传播载体的核心技术——计算机和互联网。由于美国人制定了整个网络秩序的规则，因此无论哪个国家，要想融入世界就必须学习运用计算机和互联网，而学习这些又首先必须学习英文，而学习英文则又学习、崇敬甚至模仿了美国的生活、文化、制度和体制——这就是当前全世界受制于文化传播载体技术的整体无奈！

世界上每个国家都在使用计算机和互联网，也就是说只要使用了计算机和互联网，就被美国牢牢地控制了，被断网、改网、切网、窃网等风险就随时存在！目前这种现状将一直存在到另外一个国家掌握了文化传播载体的核心技术，由此重新制定世界秩序才能宣告结束。所以，当我们谈到硬实力的时候，说到底实际就是文化传播载体的技术水平，谁掌握了最先进的技术，谁的硬实力就最强！

同理，我们一直说古代中国实力碾压全世界，其实就是因为中国掌握了当时文化传播载体中最先进的核心技术。如果对历史上东西方实力进行比较的话，那就可以通过文化传播载体先进性的比较，来看出东西方实力的强弱。

东西方文化传播载体技术水平对比的临界点，相对集中在1840年——这个近代历史的重要时间节点。在此之前，由于中国各类文化传播载体的整体技术水平是全面领先于西方社会的，所以在大多数时间里，中国的整体实力也强于西方。但自西方率先转型至工业文明以后，西方文化传播载体的技术水平开始全面超过中国。此后的中国，成为西方列强瓜分的对象，中国整体实力大幅削弱，几乎到了亡天下的境地。

文化传播载体主要包括文字、书写工具、书写介质、老师、学校、家庭、地理等方面。通信技术的水平，则集中地反映在传播文化的具体载体上。文化传播载体的先进性比较，主要集中在各个载体在传播信息的广度、速度和传播的便利性、储存的持久性等方面。

（一）文字——文化传播的表象载体。属于象形文字的汉语言文字从上古时期开始成形，至今没有发生过根本性的变化。3000多年前的商代甲骨文到现在我们通过简单培训就能无障碍辨识，这也就是说，中华文明是完全可以追溯的，是一代一代传承下来的，这一点也是中国文化自原发以来未曾中断的重要因素。文字的恒定性，直接影响了文化发展的稳定性。

而表音的西方字母文字则是分散式地发展起来的，且在传播过程中进行了很大的演化。自闪米特民族发明了字母文字后，腓尼基人将之改造成22个腓尼基字母，希伯来人又转化为希伯来文，然后再转化为阿拉米字母，以此形成了阿拉伯文等。同时，腓尼基字母又被改造成希腊字母、拉丁字母，以此形成了英文、法文、德文等。随着语言的变迁，表音文字的词汇集和发音早就沧海桑田了，所以现在的英国人几乎对莎士比亚时期的古英语是完全陌生的。

相对而言，表意文字由于便于记事，比抽象的表音文字更加容易消除人与人之间的信息不对称的问题。对识字的人来说，汉字一般只要看到后基本就能明白是什么意思，而字母文字见到后可能会读，但不一定知道是什么意思。因此在识字率不高的背景下，表意文字更能够广泛传播文化内涵，而且传播影响的区域范围更大。再加上汉字的笔画只是点、横、竖、撇、捺、折等，而英文则是26个字母，因此相对来说，汉字比英语词汇更简练，包含的信息密度更高。

要知道我们只需要掌握2000个左右的汉字，一般即可畅读中文文章，而要读懂《华尔街日报》，一般需要掌握上万个英语单词。联合国里所有通用语言的文本，汉语版本往往也是最薄的。因此英文的世界范围使用并不是因为英文本身的便利性，而是由于计算机和互联网的使用，使其成为了世界文字。

（二）书写工具——文化传播的记录载体。中国的毛笔在19世纪以前一直是最有效率的书写工具，但自1829年英国人发明了钢笔和1884年美国人改进发明了现代意义的自来水笔后，西方以钢笔为书写工具的书写质量和书写速度，已经全面超过了中国毛笔。而毛笔这一中国使用了近两千年的书写工具，曾经远远超过西方从公元6世纪才开始使用的羽毛笔和在这之前使用的芦苇笔。

从发展的角度来看，由于钢笔本身是科技发展进步的产物，其构件是有科技含量的，包括物理、化学等现代科技的内容。因此，钢笔发展到一定程度完全有可能向科技含量更高的机械化、电子化的方向发展，最终可以创新发展到目前的计算机和互联网。而毛笔只是简单物质的组合，很难在科技发展的道路上走得更远。

（三）书写介质——文化传播的内涵承载。西方到13世纪才开始使用来自中国的造纸技术，没有中国的造纸技术，文艺复兴和启蒙运动不会有如此快的传播速度和如此广的传播范围。但自从1795年法国开始实施机械化造纸之后，造纸技术、造纸效率和造纸质量超过了中国自东汉时期就使用的造纸技术和效率，而且成本远远低于中国。

西方在引进造纸技术之前，一直使用昂贵的羊皮纸和纸草，这些书写介质因造价和材质来源，根本无法普及性地传播文化。因此，那个时期的西方社会，其相对文明程度和文明区域面积，与中国有着较大差距。

（四）教师——文化传播的活化载体。学校是文化传播的中枢，中国古代基本上是以官学的模式来执行教育制度，这种近乎行政化强制性地传播文化的手段，对于提高当时社会的文明程度，提升整个社会的文化水平，具有极大的支撑作用。同时，在学校和教育管理机构的设置方面，几乎覆盖了全区域的教育网络和教育体系，使得整个中原以及之后的疆域，形成了在当时堪称规模空前的文明面积、覆盖范围以及文明种类。

西方社会所传承的文明则有着较强的宗教概念，相关宗教人士和宗教场所往往成为文化传播的人员和区域。西方文化的传播成效，由于缺乏强制性的行政力量，以及宗教信仰的不同，自然显得比较分散，也比较弱势。因此，也就很难在当时形成推动整个社会发展的合力和全社会文明程度的总体实力。

但西方社会在经过宗教改革以后，宗教人文教育与专业学术教育加速分离，教师与教士分置而设，专业性、技术性、学术性教育得到较好发展，且逐步形成了符合生产力快速发展的教育管理体系，以及现代意义的高等教育框架，迅速提升了西方社会整体文明程度，并大幅提高了西方生产力的发展水平。

（五）家庭背景——铸就价值观的文化起点。中国家庭的大背景是农耕社会并且异常紧密，而西方的家庭教育，受宗教的约束反而不如教会的影响力深远。由于农耕社会与游牧社会整体地理环境的差异，致使生活在各自不同区域的人们，随着日久天长地依地理而不同的饮食、居住等生活养成，逐步开始秉持着不同的性格、爱好、习惯、习俗、传统、文化，乃至信仰。这些内在的东西逐步在文化的传播过程中，以各自的表现方式予以了体现。

具体而言，就是东西方在家庭教育过程中所凝聚而成的中国家谱、家训式人文教育，与西方的以《圣经》为主要内容的宗教式人文教育；中国的宗庙、宗祠式的血缘传承式教育，与西方的教堂、教会式的人生重生式教育的区别。这些既是东西方家庭人文教育的不同起点，也是由此导致东西方社会形成人生教育的不同归宿的根本原因。

（六）地理环境——文化诞生的主题公园。地理环境的不同，直接影响文明的诞生，也直接关系到产生什么样的文明，以及文明发展的进程。某种程度上来说，东西方文化的差异，与东西方地理环境的差异有着非常直接、非常密切的关系，而且是无法回避的关系。地理环境是文明的底色，地理环境的不同，是东西方文明从诞生开始就已经存在的物质性差异。当这些物质性的差异，体现在文化传播载体上的时候，就自然产生了东西方各种功能相同而形式构成不同的文化传播载体。

中国在文化传播载体方面就更多地使用与农耕社会相关的载体，而西方则更多地使用与游牧社会相关的载体。比如中国使用的是植物制造的纸张，而同时期，西方则主要使用羊皮纸。这些文化传播载体承载着东西方不同的文化内涵，并分别影响着各自社会的发展。特别是东西方各自文化传播载体在传播信息过程中总体效率的差异，直接影响到东西方文化的发展进程和各自社会的总体实力。

在认知东西方社会差异的过程中，应该把这些方面作为我们理解和把握东西方差异化问题的基本立足点。否则，我们无法解释清楚东西方社会现实发展过程中所产生基本观点的分歧，以及与西方社会沟通交流过程中的分寸把握。

从历史发展角度来说，东西方社会谁掌握了各历史阶段最先进的文化传播载体技术，谁就获得了更强的文化渗透力，并自然形成更强的社会总体实力，同时，逐步掌控自身所在区域乃至周边地区的主动权、领先权和影响力。

从现实来看，目前世界上所普遍使用的最先进的文化传播载体就是计算机加互联网，它们集聚也浓缩了过去文化传播载体的大部分组成内容。包括书面文字转变成了电子文字，书写工具转变成了键盘，书写介质转变成了储存器，学校可以由互联网的虚拟课堂予以替代，教学可以由网络教学所实现等。

目前，计算机和互联网的核心技术基本上是由美国所掌握和控制，使得当今的美国成为世界上真正的超级大国，且没有之一的概念。任何想在这个世界上保有一席之地的国家、地区，都不得不使用计算机和互联网。这就是现实！谁的文化传播载体具有更高的先进性，谁就逐步掌握世界范围的话语权，乃至决定权。

值得欣慰的是，中国未来的出路目前已经出现了非常令人鼓舞的曙光！华为的5G技术已经全球领先，而且在量子计算机、量子通信技术方面，中国正与世界各国进行着全面的比拼，中国完全有可能在不远的将来，重新掌握世界最先进的文化传播载体的核心技术!

为此，我们大胆地提出中华民族伟大复兴具象化的标志，即应体现在生产力和生产关系这两个方面，从这个角度来看我们可以这样认为：

中华民族伟大复兴的生产力标志：中国掌握世界上最先进的文化传播载体的核心技术，这是中国的硬实力。

中华民族伟大复兴的生产关系标志：中国文化的真正内涵在国内得到坚定的秉持，在国外得到理解、认同，乃至追随，这是中国的软实力!

五、中国传统文化密码之五

——东西方文化的差异性

如前所述，文化本身没有高低之分，也没有优劣之别，关键在于适应性问题。从文化的研究而言，单向地只研究自己的文化，而不去比较性研究，往往也只能看到自己的过去和现在纵向发展的轨迹，而无法发现自身文化存在的缺陷。所以，一般来说，对文化的研究分析，最好是进行比较性、差异性、现实性的研究和分析。

应该说，东西方文化之间本身没有高低之分、优劣之别，但要进行比较，也只有进行了比较，才会找到文化本身的适应性和差异性，也才能够真正感知哪种文化是合适自己的，是真正应该遵循、发展和创新的。

（一）文化之间没有对错之别，但有推进文明的引领性之分

人类文化的交流，从很早就已经开始，而且随着文化传播载体的发展越来越频繁、越来越密集。特别是在当前的互联网时代，各种文化之间的对话几乎无时无刻、无处不在，也不管你留意还是不留意、关心还是不关心，文化之间的相互渗透、相互影响、相互吸收、相互对抗、相互融入都始终存在着。

各种文化的形成和发展都有着其固有的合理性和必然性，在其发展的过程中并没有对错之分，包括在与其他文化的对比、对抗之时，也都没有谁对谁错的概念。之所以会产生对抗，是因为不同文化所产生的价值观不同而已。也正因为价值观不同，才会对其所反映的言行举止产生不同的认识。

泛泛来讲，在一定的认知能力和认知水平上，每个人都认同自己的言行举止，否则自己也不会去做，并且会以自己所认同的标准，来衡量别人的言行举止，这样自然会看不惯别人的某种行为、某种言辞等。当然也会产生崇敬的心态，特别是在野蛮与文明之间、粗俗与雅

致之间、杂乱与整洁之间，大多数人会选择后者。

与此同时，野蛮与文明之间，往往也只是言行举止的不同和使用工具技术性的差异，野蛮中也有温情和柔美，文明中也有残暴和泯灭，关键还是要看对人性尊重与否！特别是打着文明的旗号、使用文明的工具对另一种文化形态进行扼杀，反而是最不文明的。这是文化吗？绝对不是！这是反文明的，这与文化使社会更文明的本意正好相反！在这里，实际上又归结到文化的本义上来了，即文化实际上应该是使每个人更加尊重人的本性，包括尊重自己的本性和尊重别人的本性。而人最根本的本性是生存，只有保障生存的前提下，才有其他权利可言。

怎样的文化就会促进形成怎样的人文价值理念和人文管理秩序，并推动形成与之相匹配的国家政治制度、社会制度。所形成的各种制度是否合适？是否优越？主要应从纵向和横向两方面进行比较。纵向比较，就是与自己过去的发展实力进行比较，看看实力是否大幅增强；横向比较，就是与其他国家的发展速度进行比较，看看差距是拉近了，还是拉远了。这是可以进行具体化、形象化比较的，说到底就是国家硬实力的比较。

国家与国家的比较过程中，表面上对比的是国家与国家的硬实力，特别是先进生产力水平的较量，而实际上是国家与国家之间软实力的较量。软实力的较量是隐藏在硬实力背后的，软实力的强弱才是硬实力强弱的基础。这个软实力，实际就是自身文化的力量，即所秉持的文化是否能够持续凝聚整个国家的向心力，是否能够理顺整个国家内部各种生产关系，是否能够引领整个国家崇尚良好的人文精神并建立规范可循的人文秩序。

如果答案是肯定的，那么由自身文化所孕育的良好的具有引领性的生产关系，将会孕育产生先进的生产力，而先进的生产力将会支撑整个国家的硬实力，以此才可以真正地与其他国家的硬实力进行具体比较。

从上面的分析来看，发展壮大自己关键是要增强自身的文化活力，发挥自身文化的优势，做到“取今固根，勿立新宗”，以焕发自身文化的固有魅力，凝聚广大民众的向心力。同时，着眼于未来发展，以提升自身的文化创造力和文化引领力为目标，不断依据自身文化力的现实，自我创新和发展自身的文化内涵，做到“内之不失固有之血脉，外之不后于世界之潮流”，使得自身的文化始终引领着社会的发展，始终保持旺盛的文化活力，始终成为孕育先进生产力不断发展的人文源泉！

（二）文化传播没有国界之限，但有不同区域的适应性之异

文化可以随着传播的载体，不断地向不同区域进行传播，并会影响到生活在该区域的人们。文化传播的力度大小、范围的远近，关键在于谁掌握了最先进的文化传播载体。哪个国家掌握了最先进的文化传播载体，哪个国家所秉持的文化就传播得更远更广更深。

具体来讲，历史上的中国，之所以曾经最为强大，是因为中国发明并掌握了当时最先进的文化传播载体，包括完整的文字体系、廉价的书写介质、良好的书写工具、优良的教育体系等。

当前西方的强大，其原因之一就是近代以后西方的文化传播载体的技术水平全面超过了中国，特别是计算机和互联网作为当今最先进的文化传播载体，其核心技术掌握在美国人手中，由此使得西方文化特别是美国文化能够随计算机和互联网而遍及世界、影响世界。尽管中国文化也在其他国家传播，也有一定的影响力，但相较美国文化的传播力、影响力而言，仍然有不小差距。

但与此同时，当今中国已经在文化传播载体方面开始赶超发达国家，主要是赶超美国，特别是量子通信已经率先在中国开始实际运用，量子计算机已经在中国诞生。一旦由中国主导制定的量子通信和量子计算机的标准在全世界广泛运用，那就是中国文化在全世界范围全面传播之时，也是中国文化、中华民族的伟大复兴之时！

与此同时，文化的产生、发展，有着十分鲜明的区域特征，特别是与地理环境有着十分密切的关系。中国的地理环境，使得中国产生以家庭、家族伦理为基础，以儒家思想为核心的农耕文化；西方的地理环境，使得西方产生与之相匹配的以宗教思想为核心的游牧文化。文化的发展是漫长的，也是不断积淀和传承的。文化的认同、接受和秉持源于生活，也是源于祖祖辈辈的传承。

不同的历史背景、不同区域环境所产生的文化，也就自然形成了不同区域的人文需求和人文秩序。东西方之间的人文需求本身就有着巨大的差异，就像中国文化无法直接移植到西方国家一样，西方文化也无法直接移植到中国。因为两者的人文环境、人文特质差异非常大，特别是西方的出世文化哲学，是无法真正进入中国的入世文化社会的。

20世纪90代苏联解体以后，许多移植西方文化而采取西方政体模式的独联体国家，以及目前动荡不安的伊拉克、叙利亚等国家，无不政局混乱、经济滑坡、国家分裂、民不聊生。而那些坚决抵制西方文化侵略、颜色革命流产或恢复自身文化的如伊朗、白俄罗斯、哈萨克斯坦、俄罗斯等，尽管国内还有许多矛盾和问题需要解决，但总不至于恐怖主义泛滥、民不聊生。特别是我们中国，在坚持自身文化根基的背景下，依据世界发展潮流，大胆改革、锐意进取，反而政局稳定、经济发展、社会进步、人民幸福。

（三）文化之间没有优劣之分，但有促进文明的速度性之差

在谈到东西方文化比较之时，一般采取的是差异性比较，很少会进行优劣性比较。就像北方人的习俗与南方人的习俗，两者之间无法说谁优谁劣。也只有在特定背景下，可以进行优劣性比较。不同的文化，产生于不同的环境，适应于不同的环境，将一种文化完全置于另一个环境，很难说能够促进这个环境的文明。相反，可

能会带给这个区域许多负面影响，甚至是灾难！其实，文化本身也存在水土不服的问题。

但谈到文明时，则可以用先进或落后来进行比较，比如说工业文明肯定比农业文明要先进。特别是可以用不同的文明所产生的科学技术进行先进性或落后性的横向比较。比如史前文明时金属工具的出现，其实就是技术先进性的表现。整体来讲，先进文明更可以孕育产生更为广泛的先进生产力，同类生产技术的水平可以进行对比，最为直观的就是生产力技术先进性的比较。

文化本身是一个过程，文明是文化的结果。因此，文化应该是促进整个社会变得更加文明的过程。当两种文明在比较过程中存在差距时，这说明某种文化在使社会变得文明的过程中，慢于另外一种文化所产生的文明。也就是说，这种文化有必要根据自身的实际不断加以完善、加以充实、加以改进、加以创新，以提升自身文化促进文明发展的能力和水平。

中国曾经在许多历史时期创造过人类文明的奇迹，并在许多历史阶段发明出当时最先进的科学技术。也正因此，在相当长的一段历史时期内，中国曾经是世界上最强大最强盛的国家，而且持续时间远远超过世界上任何一个国家！

这也就是说，当时中国文化促进先进文明发展的速度，要超过其他地区的文化，包括西方文化。但从文艺复兴开始，特别是到西方启蒙运动之后，西方文明产生的先进科学技术开始全面超越中国。在文化传播载体方面，包括钢笔的发明、机械化造纸、电报、电话，以及后续计算机和互联网的发明等，西方文明所孕育产生的先进文化传播载体皆超过了中国。

可以说，率先转型的西方工业文明已经远远超过了中国农耕文明，差不多四百多年的时间，尽管中国文化没有中断，但至少可以确认当时的中国文化未能很好地发展、很好地创新，甚至还出现了倒退！

具体来说，就是中国曾经良好的人文精神开始丢失，正常的人文秩序被打乱。在落后的专制统治下，先进文明群体“苟欲进取，必以诈伪；苟欲自全，必以卑屈”。由于整个文明在倒退，也就不可能产生与西方文明所抗衡的先进科学技术。

好在整个中华民族的气节没有丢失、中国文化的脉络没有中断，加上中国文化本身所具有的修复能力没有消失，这些为改革开放以来，逐步恢复正常社会价值观奠定了基础。特别是近年来，中国优秀传统文化的不断光大，中国文化的内涵价值逐步开始显现，中国文化的逐步复兴有力地促进了整个中国人文秩序的健全和完善，中国整体国家实力大幅增强，并渐次掌握了大量先进科学的核心技术。尤其是在研发包括量子通信、量子计算机等最先进文化传播载体技术方面，已经开始走在世界前列。这正是中国优秀传统文化的正本清源与当代社会发展的有机结合，所形成的新型中国人文秩序即生产关系对生产力发展有力促进的充分证明。

正如前面所谈到的，我们非常希望，中国尽早掌握世界上最先进的文化传播载体的核心技术，并且在全世界推广运用。我们非常希望，中国文化得以伟大复兴：对内，中国人文秩序得到有效的重塑，形成良好的并被公认的人文精神和人文崇尚；对外，中国文化被世界所理解、所认同，并成为某种程度的时尚文化，以此影响整个世界的发展。

（四）东西方文化两个方面的相似性

1. 从时间概念角度来看，东西方文化产生、发展阶段有着惊人的时间同步性，特别是人文精神的产生、人文理论体系形成、建立和完善等，都基本在同一时期在地球的两端同步推进，在当时不可能进行顺畅交流沟通的背景下，充分说明人类文明进步发展的同步性和类同性。突出地表现在轴心时代，中国诸子百家时期的稷下学宫与古希腊柏拉图学园时期，稷下学宫与柏拉图学园几乎是同步创建的，两者之间相差只有二十年的时间。

宋明理学时期与欧洲文艺复兴时期中的中西文化巨人也生活在差不多的时代，如朱熹去世后65年，但丁诞生，而王阳明只比米开朗琪罗大三岁；明末清初中国启蒙思想时期与英国启蒙运动时期也有相似情况，如黄宗羲去世前一年，伏尔泰诞生等。

2. 各阶段东西方文化产生、发展的社会背景基本相同，几乎都是在当时社会秩序比较混乱，或是生产力发展要求比较迫切的大背景下产生的。如中国体系化文化起源是在周朝礼崩乐坏之时；春秋战国之后的秦汉帝国，特别是西汉时期确定了中国文化的主基调；发展阶段是唐末五代之乱之后的宋末明初，思想启蒙时期则出现在整个社会内忧外患、形势混乱的明末清初。

西方文化起源、发展之时也基本如此，特别是文艺复兴时期，在经历了中世纪末社会的黑暗和整个社会统治的无序混乱之后，意大利等欧洲国家传承了古希腊留下来的思想遗迹，不断迸发出强烈的、崭新的文化内涵。

（五）东西方传统文化三个突出差异

1. 东西方文化所产生的背景不同

中国文化产生于农耕社会，西方文化产生于游牧社会。中国文化发源并依存于农耕社会，有着独特而浓郁的农耕地理、气候、传统的特点，特有的祖宗崇拜、和合理念、伦理特征，渗透着中国文化内涵，奠定了中国文化的原初内涵生于斯、长于斯的民众所孕育的农耕文明，并深深地影响着中国文化的发展走向；西方文化起源于游牧社会，宗教崇拜和零和思维渗透在西方人内心。农耕文化与游牧文化的差异，也使得各自秉持不同文化的民众产生各自不同的性格特征。

2. 东西方文化所要解决的主要矛盾不同

中国文化主要向内解决人本身如何通过自我修炼来体现自身价值的问题，而西方主要是向外解决人如何摆脱宗教的束缚，通过追求真理来体现人的社会价值问题。中国注重入世的人文与群己伦理，而西方重视出世的人文及个人救赎。尽管在发展方向上都是体现人的社会价值，但在文化发展的方式方法上具有较大的差异性。可以说，中国旨在修复一种社会秩序，而西方则是打破一种社会秩序，中西方走了两条不同的文化形成发展的道路。

3. 东西方文化代表人物的身份背景不同

中国文化的代表人物绝大部分都有过官场的经历，而西方的代表人物则甚少有这种经历。中国包括孔孟、老庄，朱熹、王阳明，黄宗羲、顾炎武等皆当过不同等级的官吏。而西方的文化代表人物包括苏格拉底、柏拉图、亚里士多德，但丁、达·芬奇，伏尔泰、孟德斯鸠、卢梭等几乎未有为官的经历。

缘于此，他们之间思想体系的出发点、立足点因为生活经历不同而产生较大差异。中国文化是实践性的文化，源于实践，用于实践，是入世哲学的典型代表，最为突出的是要在现世世界实现大同社会；而西方文化有着十分突出的出世哲学特征，以宗教意识引领人们在现世世界的行为准则，以达到出世之后进入天堂。同时，中国文化属于原生文化，而西方文化属于次生文化。

（六）中国传统文化独具的特征

1. 中国传统文化的认同性

中国传统文化在当时相对周边区域而言，具有独特的领先性，特别是在文化方法、文化体系、文化理念方面，深深地影响着周边族群的发展走向。凡是接触过中国文化的南蛮、北狄、西戎、东夷等相关族群，都自觉不自觉地为中国文化所感染、所同化。北魏孝文帝时迁都洛阳，并改汉服、改汉语、改汉姓、改籍贯等；在两宋期间的金、辽、西夏等都参照宋朝的政治框架和社会治理模式完善自身，而金和辽在与宋的文书往来中甚至还一直自称“中国”；唐朝时，日本引进唐朝典章律令制定了“大宝法令”，并仿行唐制推行社会管理制度等，以至于到目前中国周边许多国家的文字，大多与汉字有着极为深远的渊源，身处这些国家，仅仅就文字而言，不会有过多的陌生感。

2. 中国文化的吸纳性

一是文化吸纳贯穿中国文化发展的始终。中国文化独具的“和合”内涵，并不排斥外来的先进文化，反而是积极主动地借鉴和吸收外来文化，并融会贯通于中国文化之中。2000多年前，汉武帝偶然得知西域有个月氏国亦对匈奴耿耿于怀，于是“因欲通使”，派张骞去联络感情。然而，张骞历尽艰辛十余载，先是找不到，好不容易找到后发觉人家没什么兴趣，但张骞把一路上奇特的见闻回去和汉武帝一说，汉武帝突然忘了要夹击匈奴的初意，而是对西域诸国生出“以义属之”“威德遍于四海”的雄心。于是他派张骞等四路使者以图打开联络身毒国（古印度）的西南通道，后又“拜骞为中郎将”再次出使西域。由此，东方通往西方的道路开通，丝绸之路开辟，东西方文化的交流就此蔚为大观。

二是文化宽容贯穿于中国文化进步的始终。没有了宗教这层枷锁，中华文明以“仁”的视角看待各种未知事物，多数情况下不会预设立场。在中国文化里，对异族文化并没有善恶烙印而会本能排斥，只要与中国文化的理念和态度相合，都能被融合吸纳到中国文化之中。这方面在中国的文字上表现得尤为突出，如“干部”“管理”“服务”等现代词语都是来自日本。

三是文化开放贯穿于中国文化内容的始终。中国文化自其幼年时期开始就一直以开放的态度对待外来文化。可以说中国文化就是中华大地上各民族文化的集大成者。如“胡服骑射”改变了战国时期战争的模式；魏晋时期佛教文化、波斯文化、罗马文化在中国文化艺术上留下了深刻痕迹，更不用说开放的盛唐和马可·波罗笔下的中国风情了。

3. 中国文化的包容性

中国文化是个大熔炉，但关键是对自身文化充满自信，所以才具有了在中原地区的主导地位和本身“和为贵”的容纳肚量，方可容纳各方文化相处并行、相向而为，特别是在中华大地上各种文化相处的过程中，并没有发生像世界上其他地区那种类似宗教之间的冲突。作为农耕地区的原生性文化，中国文化不但包容了其他文明，也引领改造了其他文明，并且将其优秀内容融合吸纳，使之成为中国文化的组成部分。中国文化不是简单的包容，而是通过相融、交流和借鉴，在包容中学习、在包容中吸纳、在包容中充实、在包容中发展。也就是说，中国文化有着自我调整、自我规整、自我发展的特点。

4. 中国文化的引领性

一是中国文化是极具生命性的文化。中国文化是世界上唯一没有中断过的文化，这本身就是奇迹。除了地理因素以外，中国文化本身的生命力和重生力是决定性因素。这里包括外化于形的中国文字，内化于实的文化吸纳力、包容力等，以及所形成的社会治理模式，但关键一点是文化的认同能力。就像所有的外来游牧民族入侵中原以后，他们都把首都搬到了中原。入侵中原的外族最后都被中国文化所教化、归化和同化，这背后就是中国文化独具的生命力。

二是中国文化是极具实践性的文化。中国文化的大家几乎都曾从政为官，如老子、孔子、孟子，朱熹、王阳明，顾炎武、黄宗羲、王夫之等。中国文化本身就是一个从实践中诞生的文化，并且在实践中形成体系、丰富发展起来的，是实践性非常强的入世文化，是被实践验证过的文化。相反，西方文化的缔造者、推动者几乎全是学者身份，缺乏应有的实践过程，加上宗教的出世哲学概念，因此西方文化的社会实践性相比中国文化而言还是有着很大差别的。

三是中国文化是极具前瞻性的文化。中国文化提出了人与自然关系规律的思想体系，就是“天人合一”。这种人与自然和谐共处，人与物质、物质与物质完善结合的文化思想不仅是哲学思想，还是治理状态，预示着人类世界发展的目标和走向。董仲舒把宇宙的“大一统”法则逐步归结为社会治理的“大一统”，包括思想的大一统，从而推导出管理法度的大一统，百姓行为的大一统，乃至社会发展的大一统。

六、中国传统文化密码之六

——中国传统文化核心内涵

由于中华文明从源头起便包罗万象，博采众长，因此中国文化内容丰富多彩、思想博大精深，涵盖并贯穿于中华民族全部社会生存、生活、生产、生命的方方面面。

中国传统文化的形式绚丽多彩、门类齐全，包括像书画文化、诗词文化、舞蹈文化、武术文化、工艺文化、饮食文化等等，这些都是中国传统文化内涵的外在体现和具象表现。这些文化形式形态之所以能够体现出中国形象、中国元素、中国概念，是因为有着中国文化的真正内涵作为其强有力的支撑，或者说它们是中国文化内涵的外在表现形式和形态。

传承中国优秀文化的根本目的，是进一步调动、激发和弘扬中国品行、中国操守、中国气度、中国性格、中国智慧、中国气节、中国境界和中国信仰！这些具有鲜明中国特色的精神实质，是中华民族五千年社会实践的生存方式，也是中国社会统一精神的行为模式，更是中国文化价值取向的历史积淀，由此成为中华民族历尽劫波不断发展壮大的强大精神支柱，中国社会改革创新不断锐意进取的强大精神动力，中华民族走向光明实现伟大复兴的强大精神源泉。

全面传承中国优秀传统文化，不断激发和弘扬中国精神，迫切需要深刻挖掘、全面梳理、准确把握中国文化的真正内涵，切实提炼、领会和落实中国文化内涵实质，和其中蕴含的思想观念、人文精神、道德规范，以此在全社会逐步焕发出中国精神的现代生机和现实活力。

（一）中国传统文化内涵的概念界定

探究中国传统文化内涵本身是一件非常辛苦的事情，而且可能会面临各种争议。我们所理解的中国传统文化的内涵，应该具备一些基本的要义，即它需要能够真正成为推动中华民族迎难而上的文化动力，需要真正成为提振中华民族发展壮大信念的文化要素，需要真正成为焕发中华民族优秀品质的文化基因。

由中国文化内涵的发展提升，可以逐步转化成为中国品行、中国追求、中国操守、中国气度、中国性格、中国智慧、中国气节、中国情怀、中国境界乃至中国信仰等具体表现的传统中国精神！正因为有这些无形的中国文化内涵深深地扎根于中国人的内心、体现于中国人的行为，才真正保证中国文化历尽劫波而始终不曾中断、中国文化始终支撑中华民族的发展壮大。

经过细致挖掘反复思考，中国传统文化的内涵本源，或者说中国传统文化的内在基因可以浓缩体现在“仁礼”“和合”“知行”“文武”“家国”五个词组十个字。具体来说：

“仁”与“礼”反映着中国文化内在修为和外在表现的一统，体现出了中国文化的思想理念；

“和”与“合”反映着中国文化的内容与形式的一统，体现着中国文化的思想方式；

“知”与“行”反映着中国文化的传承与创新的一统，体现着中国文化的思想要求；

“文”与“武”反映着中国文化的张与弛的一统，

体现着中国文化的思想智慧；

“家”与“国”反映着中国文化的小我与大我的一统，体现着中国文化的思想境界。

（二）传统中国的文化秉持

1.“仁”与“礼”

“仁”是人对自身的最高要求，即自身的修心修身修为需要逐步达到“仁”的地步；“礼”是自身修为的外在表现形式，即对待不同的人应遵循不同“礼”的规范。一个对内，一个对外，两者相互依存、相互支撑，也正是这两个字，组成了中国文化体系的关键要义。1983年钱穆先生向美国学者邓尔灵谈及中国文化的特点及中西文化的区别时，特意提到“礼”是中国文化传统的核心。而邓尔灵则认为钱穆先生所论十分精彩，为他上了一堂中国文化课。

（1）关于“仁”

与西方文化体系大多着眼于“神”和“神性”不同，中国文化的核心是“人”和“人心”。西方文化认为人的独立需要外在的支撑，于是先以宗教作为支撑，现代又以追求真理、服从真理为支撑。而中华文明从一开始就认识到心性必须独立，重视自我内心的修养。

“仁”字从甲骨文来看，就是天、地、人的合体。表示做人要效法天地，怀天地之心，效法天性的善良、地德的忠厚，怀有博爱心、包容心，以此产生并崇尚自我，达到仁爱之心。这本身就是对个体修身养性的提升要求。如果需要用一句话来概括“仁”的基本含义的话，那就是孔夫子的道德金律：“己所不欲，勿施于人。”因此“仁”就是自觉自律，一切要从自身做起。

按照对“仁”的理解，需要“效法天地”或者说“法乎天地”，才能逐步达到“仁”的要求。“天行健，君子以自强不息”，即要保持坚强的毅力，做到刚毅刚强、发愤图强，实现“苟日新，日日新，又日新”的创新目标，特别是在为人处世方面做到永无止境地进德修业，体现自强不息的精神；“地势坤，君子以厚德载物”，山岳河渎，皆坤之灵。即要增厚德品，主动承载更多的责任和担当，并要像大地一样具有雍容大度、怀慈秉仁的真性本色。

以“天是一种引领能力，地是一种支撑能力”为要求，即要成为刚毅自强的人，要成为深厚德品的人，才能逐步达到“仁”的要求。“仁”是中国人文秩序的核心思想，也是“德”的基础和原则，“仁”的思想内涵和修为要义，贯穿于中国人文思想体系构建、实践、发展的始终，逐步成为中国文化血脉中的DNA。

（2）关于“礼”

《资治通鉴》有曰：“何谓礼，纪纲是也。”表明了“礼”是相当于行为准则的意思。“礼”在英语词汇中没有相应的词可以对应，因为在西语文化里没有“礼”这个概念，它既不是礼貌礼仪，也不能认同为风俗习惯。它外现为礼典，内化为礼制，有宗教的仪式感，但又参与了政治权力的实践活动。我们可以把“礼”看作“仁”的外在表现形式，是达到“仁”的实现通道，也是中国人文秩序的外在体现，包括孝、悌、忠、恕、知、勇、恭、宽、信、敏、惠等，都是以“仁”为内在修为要求，而规范每个人身处不同环境、不同身份时所应遵循的外在体现形式。“礼”是针对不同对象所应秉持不同“仁”的修为要求的具体形式。“仁”是对应不同对象采取不同“礼”的内涵支撑。

孔子的“君君，臣臣，父父，子子”，就是在不同社会伦理、社会环境下，每个人言行举止应该遵循不同“礼”的要求。具体而言，“君君臣臣”就是国家秩序、社会秩序，即君（上级）应该有君（上级）的修为要求和礼制规范，臣（下级）应该有臣（下级）的修为要求和礼制规范；“父父子子”就是家庭秩序、家族秩序，即长辈应该有长辈的修为要求和礼制规范，晚辈应该有晚辈的修为要求和礼制规范。

因此，“礼”的根本性作用就是“礼别异”，它的核心其实是把人分成不同的层级，让我们认识到人与人之间的不同状态及区别，是野蛮和文明的分野，诸夏和蛮夷的分野，这个标准和肤色无关，和语言无关，也和血统无关。可以说，“礼”是中国文化对人文秩序的极致追求，更是定亲疏、决嫌疑、别同异、明是非的主要标准。

也正是因为如此，尽管舜来自东夷，禹出自西羌，周人出自西夷，楚人自称“我蛮夷也”，而吴越二国断发文身，这些与中原诸夏都有明显的区别，但从来没有人否认过他们是华夏一族。只要接受“礼”，就是“中国”的一员，“礼”就是中华民族的共同文化。

（3）关于“仁”与“礼”

“仁”与“礼”之所以是中国文化最关键的要素，

在于尽管“仁”本身是对个体的要求（中国对个体的要求顺序是天人、至人、圣人、君子），但个体外化到社会意义的个体就是“仁爱”“仁义”“仁厚”“仁术”“仁政”等，这些价值观无疑影响到了整个社会的发展导向。千百年的文化熏陶，“仁”的追求已经成为个体不同身份的精神价值体现，也是个体社会价值的追求。

而“礼”的遵循正是实现追求“仁”的具体表现，或者说，只有能够达到不同身份“礼”的规范体现，才能达到“仁”。“礼”实际上就是实现“仁”的修身过程，两者可以算是内容与形式的关系。

这其中最重要的就是“五伦”，包括当今社会的各种关系也都在“五伦”的范畴，只不过称谓发生了变化而已。我们的老祖先其实早都帮我们规划好了，需要我们历史性地理解，现实性地挖掘，并有效地运用于当今社会的各个层面。

也正因为有了长期以来以“仁”为标准永无止境的修为追求，才有了不断追求卓越、永不言败、自强不息的精神，才有了严于律己、宽以待人、慈怀秉仁、厚德载物的中国担当。

正因为有了以“礼”为规范的社会准则，才有了不管任何环境下“穷不失义、达不离道”，“穷则独善其身，达则兼济天下”，“得志，泽加于民望焉；不得志，修身见于世”这样的节操坚守，才会产生“富贵不能淫，贫贱不能移，威武不能屈”这样的气节秉持，才有了“铁可折，玉可碎，海可枯，不论穷达生死，直节贯殊途”，“道之所在，虽千万人吾往矣”这样的傲骨脊梁。

2.“和”与“合”

“和”是中国文化中所倡导的人生态度，而“合”则是中国文化中所倡导的社会状态。“和”是内涵，是内在的；“合”是形式，是外在的；“和”是对待问题、处理矛盾所持有的一种态度和目标，“合”则是对待问题、处理矛盾所表现出的状态和方法。

可以说，“和”与“合”是中国文化中关于社会治理的重要内涵，是体现辩证法思维的中国式人生哲学，与马克思主义的矛盾论有着天然契合的默契。

（1）关于“和”

“和”是一种内在的心境状态，是一种处世格局，是“合”得到普遍认同后的理想结果，是站在宇宙发展的眼光角度出发，在自身拥有足够的底蕴以后，所达到的一种看待问题、处理矛盾的思想境界。

在谈论天下大一统时，并不一味地强调外在形式上的“合”，而是思想内涵的“和”，它不是貌合神离，而是志同道合，它是文化的大一统，更是思想的大一统。正如老子的“知和曰常，知常曰明”；孔子的“礼之用，和为贵”；孟子的“天时不如地利，地利不如人和”；荀子的“知和者，天下之大道也”，以及“万物各得其和以生”，“和衷共济”，“和于四时”，“和而不同、求同存异”。就连在音乐上，中国文化也强调要和上节奏，所谓“和”，实际上也是中国文化的一种思维方式。

（2）关于“合”

“合”主要是从辩证法的角度来反映某种相合的状态。所谓“天地不合则万物不生，男女不合则子孙不生，气血不合百病乃生”，是矛盾对立统一的理想状态。中国人常常把“身心合一”“情景合一”“天人合一”作为人生追求的三个境界。

“身心合一”是思想与行为的关系，讲究心行一致的概念；“情景合一”是心情与周边环境的关系，讲究观感一致的概念；“天人合一”是人与自然的关系，讲究生态和谐的概念。这三者皆是由小到大、由个体到整体、由局部到全局的总体思维格局。

董仲舒把宇宙的“大一统”法则逐步归结为社会治理的“大一统”，包括思想的大一统，从而推导出管理法度的大一统，百姓行为的大一统，乃至社会发展的大一统。可以说，在整个世界文明体系中，只有中国文化具有这种全局化、立体化、生态化的思维格局。

当今社会是一个竞争激烈的社会，竞争无处不在、无时不有，“物竞天择，适者生存”作为竞争的铁律，赢者通吃，输者出局，非常残酷无情，因此竞争也带来了更多的争端和矛盾，甚至是动荡与动乱，一如中美贸易冲突带给全世界的关注与不安。所以要强调有分有合，而“合”才是稳定发展的基石，竞争也不必你死我活，也可以通过寻找共同点，变竞争关系为合作关系，不致两败俱伤。合作与竞争看起来是对立面，实际上它们是一对孪生兄弟，竞争是优势对立，产生负能量，而合作是优势互补，产生正能量。

中国文化提出的人与自然关系规律的思想体系，就是“天人合一”。这种人与自然和谐共处，人与物质、物质与物质良好结合的文化思想不仅是哲学思想，还是治理状态，预示着人类世界发展的目标和走向。

（3）关于“和”与“合”

“和”与“合”两者之间的相协调、相融洽，可以说是内外相辅，“和”是目的、追求，“合”是手段、方法。包括“君子和而不同，小人同而不和”“畜之以道则民和，养之以德则民合”，也正因为“和合”理念的形成和实际运用，使得中国文化具备强有力的吸引力和包容力，乃至同化力。

中国文化的这一特质，表现得最为突出的就是中华民族的形成和发展，中华民族的发展历程本身就是分分合合、有合有分，最终走到目前状态下由56个民族所组成的大一统的中华民族。

“和”与“合”在文化与民族上的有机结合，即中国56个民族对中国文化上的认知认同，带来了各族群、各民族之间的相融相合，形成了文化一统的中华民族，以及对各阶段各时期整个中国政治模式、国家形式、组织架构的认同和遵循。

也正因为有了和合文化的内涵，才有了“海纳百川，有容乃大”这样的中国气度，“天地与我并生，而万物与我为一”“大道之行也，天下为公”这样的中国境界，才有了“天人合一、道法自然、天下一统”的大同追求，也才会前瞻性地提出“求同存异、协和万邦、包容并兼、权责共担”的人类命运共同体的理念。同样，“和合”思想也是中国协商式民主模式的思想源泉，是实现民主集中制的最终目的。

以和为贵、以合为上，“和合”思想作为中国文化的精华，经过历史的演化积累，已经成为中华民族的重要价值观的追求之一，润物细无声地影响着我们生活的方方面面。

3. 关于“知”与“行”

“知”就是学问，“行”就是实践，知与行是入世社会最为凸显的特征，是马克思主义理论联系实际的现世表现，也是有别于西方出世社会最为明显的差异之一。

“知”与“行”和“学”与“习”有着异曲同工的内涵。“知”本身就是学的过程，体现的是一种传承、继承的概念；“行”本身就是习的过程（“习”的本义是实践、践行），体现的是一种验证、创新的概念。这也是中国文化能够不断推陈出新、不断修正完善、不断创新发展的根源所在，对保证中国文化始终未曾中断有着十分关键的作用。

“知”与“行”之间有许多关联。朱熹曾提出“先知后行”说，认为必须认清万物之理，然后才能去实践，否则实践就会成为无根之萍。而王阳明针对思想发展的进程，提出了要达到“知行合一”的心行一统，就是要在磨难中不断反思、修炼、提升，以达到心到行到，做到心与行自觉一统。

王阳明

王阳明在解释“知行合一”时说：知行之道，譬如“如好好色，如恶恶臭”，看到美色属于知，喜欢美色属于行。人一见到美的东西自然就喜欢了，不是因为先有喜欢美色的心，然后才去喜欢；闻到恶臭属于知，厌恶恶臭属于行。人一闻到恶臭就厌恶了，不是先有厌恶之心然后才厌恶恶臭。他还说，一个人知道痛，那一定是经历过痛，一个人知道饿，那一定是经历过饿，知与行一直是一体的。“行之明觉精察处，便是知。知之真切笃实处，便是行。”

“知”与“行”的实践境界层面，即要达到“知行合一”的认知与实践的一统，“大道至简，知易行难”，“纸上得来终觉浅，绝知此事要躬行”，“知是行的主意，行是知的功夫”，“好学近乎知，力行近乎仁，知耻近乎勇”，等等，强调实践的重要性，也就是认识到事物的道理，就是努力落实到具体实践，做到理论与实际的一统。

“知”与“行”的处世境界层面，即以自身的认知来决定自身的行为，“知善知恶是良知，为善去恶是格物”，“勿以恶小而为之，勿以善小而不为”，提升正确认知问题的能力，心无旁骛地做正确的事情。

由“知”“行”内涵而孕育产生了“学而必习，习又必行”，“行是知之始，知是行之成”的践行意识；“博学而不穷，笃行而不倦”“勇于实践，敢于实践”的坚韧毅力；“言行一致、一诺千金”“有其言，无其行，君子耻之”的诚信品格；“道虽学不行不至，事虽小不为不成”，“知是良知，行为善行”而延伸的“为政以德、以德配位”的为政操守。

4. 关于“文”与“武”

“文”与“武”就是“文化”与“武化”的概念，是中国解决问题、处理事务的逻辑智慧和思维模式，是中国文化中解决问题之道和处理事务之德。也可以认为是方法论，是工作方法和工作手段。“文”是解决问题的最好方法，即“以文化之”，“武”是处理事务的底线手段，即“以武化之”。对“文”与“武”的认知与充分运用，实际上是中国文化的思想智慧。

（1）关于“文”

最初的意思是万物所产生的现象、纹路、轨迹。特别是文字出现以后，则是通过文字、文章等表现形式改变人的思想、思维，是通过理念、礼仪、观念、信仰的理解、认同，逐步到接受、追随的过程，是一种教化、转化的非强制性的改变。

（2）关于“武”

甲骨文的“武”字就是人持戈行进。“夫文，止戈为武；夫武，禁暴戢兵，保大定功，安民和财者也。”从“武”字的定义而言，武是后发的，是用于止暴平定的，是保安、保文的。不是用于威胁、炫耀的。西方文明依据丛林法则，武没有善恶之分，是为杀戮而杀戮，这是东西方对“武”的不同认知。

（3）关于“文”和“武”

在中国文化中，文与武是结合在一起使用的。“文”与“化”最早合在一起是西汉刘向的《说苑·指武》中“圣人之治天下也，先文德而后武力。凡武之兴，为不服也。文化不改，然后加诛”。也就是说，“文化”常常是与“武化”在一起使用的。

“文”与“武”共同使用时，就是“文化”与“武化”的概念。即通过文的方式使之改变转化的含义和通过武的方式进行改变转化的含义。目标都是为了改变，但所采取的方式方法不同。这时“文化”与“武化”实际上都是动词。

最早将“文”与“武”结合在一起的是《尚书·

禹贡》：“五百里绥服，三百里揆文教，二百里奋武卫。”这是“揆文奋武”的最初表述，也是“文化”“武化”的最早体现。即中华文明早期的治理模型：靠近核心区域的地区施行文教礼法巩固统治，外围区域则振兴武备以震慑宵小。

中国的文化是以礼仪为引导，通过文的教化，使对方自觉地理解、认同、接受并归化；中国的武化并不一定带有侵略性，其更多是保卫自己固有的，而非侵占他人的。或者说，用文来归化，用武来保卫，先礼后兵、先文后武、文攻武卫。

所以，我们现在的外交政策中一再强调中国不向别国输出文化，更不向别国输出武力。刘向在《说苑·指武》中说：“圣人之治天下也，先文德而后武功。凡武之兴，为不服也。文化不改，然后加诛。夫下愚不移，纯德之所不能化，而后武力加焉。”学贯中西的辜鸿铭老先生曾对英国大文豪毛姆说：“我们从来不以武力管理世界，而用智慧……”

中国的“武”讲究“义”，正义则可武，非义则不武。以文驱武，则文武皆存，以武迫文，则文武皆失。“文”是操控方向的骑士，而“武”则是驱跃奔驰的马匹。在中华文明的语境里，“武”是政治治理和文化传播的前提和保障，但绝不是目的。“文”是中华文明治世的最高形式，思想、礼教、文化的大一统是“文”的最终目标。中国文化中“文”“武”的辩证关系，是其区别于其他文明的重要标志。

也正因为有了“文”与“武”的治世法则，所以才会产生“非文无以附众，非武无以威敌，能文能武，则万邦以之为法矣”的治世理念，才既有“人若犯我，我必犯人”这种武化的刚毅，也有“循循善诱、欲擒故纵”这种文化的耐心。

而这种以长远“和合”目标而采取的“能屈能伸”“文武兼施”的谋事策略；“不争一时长短、不计眼前得失”的荣辱心态；以及“既有文的教化，又有武的反击；既有文化的传播，也有武化的支撑”，“一张一弛”的文武之道，充分体现了面对复杂问题的中国智慧。

5. 关于“家”与“国”

中国社会历来十分注重家国情怀，而且国与家的关系是密不可分的，家是最小的国，国即是最大的那个家。《礼记·大学》中说：“古之欲明明德于天下者，必先治其国；欲治其国者，必先齐其家。”特别将个体家庭家族的概念和伦理，延伸和发展到对国家认同高度和国家伦理的体现，在全世界唯有中国是如此看待并重视家与国的关系，这恰恰是因为在中国传统思想中，一直是把伦理作为整个社会有效运作的基础。

农耕民族的姓氏，除炎帝、黄帝时期的古老姓氏和祝融八姓以外，大多数中国人的姓氏是由诸侯国的国名产生的，有着“国破而姓出”的历史渊源。中国大多数的姓是周朝分封制所封的诸侯国的国名，当某个诸侯国灭亡以后，这个诸侯国的子民便以这个诸侯国的国名为姓。对于一般的百姓而言，首先是生存在某个诸侯国，是没有姓氏的国民、子民，也就没有家的概念。而当国破并以国名为姓以后，才赋予了姓氏，也才真正有了家的概念。诸侯国的国名是姓氏的起点，姓氏是家的前提，在当时中国，某种程度上讲平民百姓是先有国而后有家的。“以国名为姓，有姓才有家”这一特殊的社会行为，充分说明了中国人“家”与“国”的关系。

“修身、齐家、治国、平天下”，“一家仁，一国兴仁；一家让，一国兴让；一人贪戾，一国作乱”，“天下兴亡，匹夫有责”，“位卑未敢忘忧国”，等等，这些都直接把个体的命运、家族的兴旺与国家兴衰发展直接联系在一起了。

正因为这种家国文化的聚合和升华，才逐步产生了民族利益、国家利益至上的家国情怀，也才有了“先天下之忧而忧，后天下之乐而乐”爱国忧民的思想情操；才有了“国而忘家，公而忘私”的人文品德；才有了“苟利国家生死以，岂因祸福避趋之”，“人生自古谁无死，留取丹心照汗青”这样的中国文化大同意识和中国社会大一统的坚定秉持，以及“以天下为己任”，“小我服从大我，大我高于小我”的匡世胸怀。

特别是张横渠的“为天地立心，为生民立命，为往圣继绝学，为万世开太平”，把中国人的思想追求和价值意义提升到了信仰境界。其中：

“为天地立心”反映出为中国社会建立一整套伦理体系的决心，即中国文化的信念；

“为生民立命”反映出为芸芸众生寻觅、确定安身立命的正确方向，即中国文化的责任；

“为往圣继绝学”反映出传承创新发展中国文化的秉持，即中国文化传承的要求；

“为万世开太平”反映出为实现大一统的大同社会

的政治理想，即中国文化的最终目标。

这四句话实际上已成为了中国追求的人文信仰！

张横渠

正因为以上中国传统文化内涵和基因的坚定秉持，所以在五千年的历史长河中才不断涌现出：

“自强不息，厚德载物”的中国品行；

“大道之行，天下一统”的中国追求；

“穷不失义，达不离道”的中国操守；

“海纳百川，有容乃大”的中国气度；

“刚正不阿，不屈不挠”的中国性格；

“鞠躬尽瘁，舍生取义”的中国气节；

“天下兴亡，匹夫有责”的中国情怀；

“返璞归真，天人合一”的中国境界；

“为天地立心，为生民立命，为往圣继绝学，为万世开太平”的中国信仰！

正是这些中国文化的内涵以及由此形成的中国秉持，润物无声地流淌于中华民族五千年生生不息的历史血脉，潜移默化地根植于中华民族的内心深处，跨越时空地穿越于中华民族波澜壮阔的血雨洗礼，无处不在地浓缩于中华民族发展历史的传世经典，以此支撑着中国文化、中华民族发展壮大、源远流长。

下篇

传承中国文化基因的当代中国

在本书前面所阐述的内容中，重点想说清楚中国文化之所以始终未曾中断的原因，试着解析了中国文化传承下来的密码，努力说明中国文化的性格，特别是中国传统文化凝聚形成的“仁礼”“和合”“知行”“文武”“家国”等中国传统文化的本真内涵，以及中国传统文化的秉持，包括中国品行、中国追求、中国操守、中国气度、中国性格、中国气节、中国情怀、中国境界乃至中国信仰等，使得中国文化、中华民族始终在世界文化之林、世界民族之林历经劫波、承受磨难而屹立不倒，并凤凰涅槃，重焕新生。

传承5000年中国传统文化的当代中国，守正传承、兼收并蓄、吐故纳新、创新发展地吸纳着世界文明的最新成果，并逐步发展成为具有现代特征的中国文化最新版本，并为新时代中国再次打下了“为天地立心、为生民立命、为往圣继绝学、为万世开太平”的坚实文化基础。

对于当前而言，我们认为尤为重要的是在探究中国传统文化密码的基础上，切实认清当今中国所传承的文化基因，充分感知中国传统文化“传起来”的精神，中国红色文化“站起来”的精神，中国改革开放文化“富起来”的精神和正在加快推进的新时代文化“强起来”的精神，有理有据有传承地说明白中国道路、中国理论、中国制度、中国文化、中国梦等，是如何守正传承、创新发展中国传统文化的优秀基因，从而从文化根基上、从思想内心中有底气地增强“四个自信”，进而身心合一、知行并举地用实际行动把“四个自信”转化为推动发展的“四个优势”。

从根本上讲，自信是思想层面的，是文化层面的，关键还是要转化并发挥出实实在在推动发展进步的优势，这才是根本要义，这才是文化中国的本原，这才是投身中华民族伟大复兴的真正体现！

只有真正认识到传承中国传统文化的优秀基因，对整个中华民族发展的现实意义和至关重要性，并转化为人文秩序的重塑、整个社会的文化软实力的提高，并以此形成整个中华民族的文化力、向心力、战斗力，才能从传起来、站起来、富起来真正走向强起来的民族复兴之路。

七、传承中国传统文化的基因之一

——中国道路的传承创新

（一）艰难的道路选择

近代中国的历史是一部苦难的历史，当西方的坚船利炮打开了中国的大门之后，貌似强大的中华文明一败再败，至20世纪初期已经达到了文明衰弱的极致，中华民族到了面临生死存亡的危难时刻，中华文明也到了面临生死存亡的危难时刻！正如李鸿章所言：三千年未有之变局，三千年未有之强敌。

近代以来，多少怀有民族救亡思想的中国人，为了挽救民族危亡，做出了各种道路选择。但是，从鸦片战争以来的探索者大都觉得只要解决了一个方面的问题，中华民族就能复兴了。

最初的想法是我们的落后只是在科技上的落后。

坚守传统文化的士大夫们提出了“中学为体，西学为用”，要“师夷长技以制夷”，通过学习西方技术来挽救中华文明，于是首先兴起的是洋务运动。洋务运动的最大成果是建立了中国第一支近代化海军——北洋水师，但这支号称拥有全世界最先进舰艇的舰队在甲午海战中全军覆没，洋务运动的技术改革之路因此宣告彻底失败。

学西方技术之路不通之后，文化精英们又进行深刻反思，对日本通过明治维新一跃成为崛起的世界强国羡慕不已，进而想学习日本搞君主立宪，走制度改革之路。于是在光绪皇帝的支持下搞起了戊戌变法，但这次变法也只维持了区区百日，史称“百日维新”。

戊戌变法失败以后，孙中山的辛亥革命虽然推翻了中国2000多年来自我循环的帝制，建立了共和制的中华民国，但中华民国上未能成功建立共和制（北洋政府军阀割据，24次内阁改组，换了26个总理），下又未能真正推翻封建专制，封建地主阶级剪掉辫子之后，继续剥削像阿Q这样的基层农民百姓，制度改革之路再次举步维艰。

在当时的背景下，这些道路的探索可以说已经竭尽所能了，但为什么最终都没有完成中华民族复兴的使命呢？归根到底，这些道路的选择，都不符合当时中国社会的人文需求。正如毛泽东曾说的："一切别的东西都试过了，都失败了。"习近平总书记也曾说："君主立宪制、复辟帝制、议会制、多党制、总统制都想过了、试过了，结果都行不通。"

事实证明，这些道路都有缺陷，只改变上层建筑，把民族复兴的希望寄托在社会精英身上是行不通的。而夺取一个政权、管理一个社会、引领一个国家，真正可以依靠的力量是广大民众。首先要顺应这个社会的基本人文需求，以此得到最广泛民众的拥护和支持；其次要遵循这个社会共同的发展意愿，带领广大民众朝着共同的目标砥砺前行；最后要融入世界文明并最终引领世界的发展潮流，带领中华民族真正屹立在整个世界民族之林。

中国社会的发展历史就是典型的农耕社会发展历史，特殊的地理环境和地缘政治，决定了中国社会基本生存生活生产方式和由此延伸发展的中国社会治理理念，必须符合和服务中国农耕社会这一基本国情。也就是说，以合乎中国社会人文需求的治理理念和管理方式，才能真正有效地治理好具有突出农耕特征的中国社会。

（二）中国道路的历史传承

记得几年前网络上有个段子，是这样评论中国共产党的：“1921年公司注册，资本金接近于零，靠共产主义的故事拿到了苏联的天使轮和A轮，历经艰辛打败了西方跨国公司和国内强有力的竞争对手，1949年10月1日在主板市场上市。经过六十几年五代CEO经营，目前市值突破11万亿美金，居全球第二，未来有望成为全球第一。辉煌九十余年，有过成功，也有过失败，他们当之无愧为史上最牛创业团队！”

据说这个段子最初的版本来源不是别人，正是中国共产党的创始人之一毛泽东。1949年，全国即将获得解放，毛泽东给中共一大代表李达去了封信。当时李达在南方，由于要通过国统区，毛泽东担心信被识破，于是就用暗语给李达写了一封信，内容是这样的：“吾兄系本公司发起人之一，现公司生意兴隆，望速来参与经营。”

“上市”70年来，我们从站起来到富起来，现在又走在强起来的道路之上。实践证明，这是一条走向胜利、走向复兴的唯一道路，没有第二条。为什么？因为其他的路都试过了！

之所以是中国共产党救了中国，带领中国人民站起来，关键在于中国共产党走的是一条尊重中国广大民众革命意愿、符合中国当时社会变革实际的“农村包围城市”的道路，以农村为根据地，以占有人口大多数的农民为主要力量，最终取得了胜利。中国共产党之所以能够带领中国人民富起来，关键在于中国共产党走的是一条尊重中国广大民众发展意愿、符合中国现实社会发展实际的以农村承包责任制为起点的道路，把“国”与“家”的利益结合在一起，激发了中国人民巨大的潜能。因此，选择这样的中国道路不是一时的权宜之计，也不是哪股力量强加来的。而且，这不单单是中国共产党顺应时代做出的历史选择，更是中华文明焕发出的一种文化觉醒。

中华民族5000年的发展历史就是一个农耕社会的发展历史，我们的国家形态和意识形态只有符合了农耕社会的特点才能避免战乱和分裂，才能为实现中华民族伟大复兴奠定根本制度前提，这个不仅在以前如此，就是在我们实现文明转型，彻底融入世界文明的关键阶段更是如此，这就是中国的历史特征和社会特征。

农耕社会有着自己的传统、习俗和文化，特别是长期秉持和传承的农耕文化深深地渗入中国人的心灵并成为中国人的一种生活方式和思维习惯。以儒家思想为主体的中国人文思想体系，就是中国人所秉持的思想信仰和行为逻辑。因此，中国道路的选择必须遵行中国独特的具有5000年发展史的农耕文化传统。

中国的国情是什么？中国的国情就是农耕社会，这不仅仅是因为农民占很大比重，更重要的是绝大多数中国人秉持着中国传统农耕文化的核心思想，并以此来规范和界定着我们的生活、工作、学习。

正如英国学者马丁·雅克在《当中国统治世界》一书中所说的那样："中国人视国家为监护者、管理者和文明的化身，其职责是保护统一。中国国家的合法性深藏于中国的历史中，这完全不同于西方人眼里的国家。"

因为我们是农耕社会，所以中国人对地域非常敏感，对土地有着天生的依恋。西周初始周公旦的分封制便拉开了中国人对土地依恋的序幕。分封时，封国号、封土地、封人口。诸侯到了封国后，干的第一件事就是建社稷、建宗庙。社稷就是祈求农业生产五谷丰登，有着十分浓郁的农耕特色和农耕情怀，是对生我养我的这片土地的眷恋和崇敬。

因为我们是农耕社会，所以对家庭、家族非常看重。农业生产有着相对固定化的生产模式，需要依靠集体的力量。分封诸侯国时，建宗庙就是祭拜祖先护佑子孙后代，以此传承家族后代万世不断。宗庙往往建在最佳位置，以此为中心分布着始祖繁衍后代的子子孙孙，并以此不断形成集体意识为重的家族概念。另外，中国绝大多数的姓都是以国名为姓的，当某个诸侯国消亡后，该国的百姓便以该诸侯国的国名为姓融入新的诸侯国，即“国破而姓出”。当有了姓以后，黎民百姓才真正有了家庭的概念，之后以此不断壮大家族、传承后代。

因为我们是农耕社会，所以延续到现在中国人的节日，全部是与农业生产和祭祀祖先有关的。如中国的除夕、春节、元宵、清明、端午、重阳等节日都是与农业和祖先有着直接的关系。而西方的节日几乎全都是与游牧社会的习俗和宗教有着直接的关系。

这些农耕社会所保留下来的习俗传统，经过总结提炼，逐步进入意识层面、思想层面，并化作行动纲要，逐步形成了中国传统人文体系。孔子们实时地总结提炼了这些传统，并带领广大子弟进行传播宣传教化，使得中国传统人文思想体系得以形成并发扬光大。

从历史来看，早在中华文明的幼年时期，我们就有了“天下”的概念，所谓“天下”即是对内中央集权、以文化认同塑造民族形象，对外协和万国，以礼尚往来谋求合作共赢。大且一统不是靠武力获得，而是靠文化认同融合分歧，靠开放包容维持稳定。农耕社会的集体意识中，我们不但要取得国家民族的复兴，还要谋求“天下大同”，只有大且一统的局面才可以使我们在战争时期免于灭亡，而在和平时期则有利于经济发展，直至国家强盛和文明发展。正是因为如此，“大且一统”在中国人的思想深处才如此根深蒂固，这也是中国谋求发展、复兴道路的内在基因。

其实西方也一直在谋求大且一统的政治文化局面。美国即是依靠广袤的版图和统一的政体成为了“狮子王”；欧洲也谋求大一统，但是西方社会强调民族国家，在政治上无法统一，因此只能退而求其次，放弃政治统一而转向经济一体化，这也就是当时建立欧盟的初衷。而欧盟却不能超越国家形态，因此仅仅形成了大且一统的表面形态。

中国历朝历代的任何政权，只有符合中国农耕社会的人文需求并形成引领社会发展的政权，才能在中原社会立足并发展。反之，则必将很快退出中原。如秦朝16年、隋朝38年、元朝97年，也包括中华民国37年。这些短暂的朝代，都是因为没有遵循并引领中国当时农耕社会的人文需求，搞得整个社会民不聊生、怨声载道，最后皆走向了被广大民众所遗弃、所颠覆的结局。

中国优秀传统文化对于中国道路的形成与发展来说，是具有基础性的重要底色和传承性关键基因。比如：知行合一、实事求是的认识论观点，融入了中国道路的思想精髓；民惟邦本、本固邦宁的“德政”文化，融入了中国道路的价值取向；小康社会、大同世界的理想追求，融入了中国道路的目标任务；自强不息、厚德载物的道德精神，融入了中国道路的价值追求；锐意变革、革故鼎新的智慧勇气，融入了中国道路的发展动力。如此厚重的中国优秀传统文化基因，使得中国道路的选择和中国道路的发展拥有了深厚的人文基础和全面的发展动力。

（三）中国道路的创新发展

中国特色社会主义道路根植于中国悠久绵长的文化传统，中国悠久绵长的文化传统对中国发展道路的选择有深远的影响。这条道路既是政治选择，更是文化选择。

中国共产党之所以能够那么迅速地取得政权，就是紧紧抓住了中国农耕社会人文需求这一现实，并运用现代政党理论的发展成果，引领了中国社会的发展。简而言之就是：

一是紧紧依靠最广泛的民众——农民和秉持农耕文化的广大民众，坚定不移地走出了一条符合当时世界发展潮流的农耕社会发展道路，极大地调动和激发了当时最广泛民众当家作主的主观能动性，并实施农村包围城市夺取政权的方式，最终带领中国人民站起来；以农村土地承包制为起点和标志的中国改革开放，再次激活了最广泛民众投身经济建设的主观能动性，使得中国人民真正富起来；守正传承、创新发展中国农耕文化的民族复兴事业，又一次从精神层面调动了最广泛民众凝心聚力地投身于中华民族伟大复兴事业，最终必将带领中国人民强起来。中国每一次变革都是从农民、农业、农村和农耕文化做起，这本身是中国国情，也是最能够调动和激发中国最广泛力量的集中体现，更是听民声、顺民意、施民愿的充分实践。

二是以“揆文教、奋武卫”这一中国传统社会管理模式为基础，创造性地提出了“统一战线、武装斗争”两者并举的模式，充分调动和争取各方进步力量，“以文化之”地最大限度地壮大自己的队伍。同时，坚决以武力的方式，守住自己的思想阵地、自己的社会阵地、自己的民众阵地，不断扩大自身的影响力和覆盖面。在中国革命时期，根据革命形势的发展，在明确主要矛盾的基础上，实时调整统一战线阵地，不断扩大解决主要矛盾的力量对比，逐步由量变转化到质变；在改革开放以后，积极团结和统战一切有利于经济建设的各方力量，包括全面引进外资、港资、台资建设经济，40余年的改革开放取得了令世人无法置信但又是实实在在的成绩；新时代以来，以中国文化为根，以民族复兴为己任，不断扩大和夯实最广泛的民众基础和思想基础，将会调动整个中华民族投身于这一怀揣百年的“中国梦”。

三是夯实自身方面，以巩固“党的建设”为根基，不断锤炼自身的核心力量，创造性地吸纳和引入最先进的政党理论——马克思主义理论，充分与中国革命实际、中国文化精华相结合，全面建设中国共产党，并把“民惟邦本、本固邦宁”提升转化为党的宗旨：为人民服务，始终使人民所需与党的目标任务保持一致，并始终以保持党员先进性作为推动中国社会发展的关键力量，始终以保持党员纯洁性作为率先垂范的立身之本，始终以保持思想引领性作为提升意识形态文化内涵的精神动力，始终以保持团结的广泛性作为扩大社会基础的重要力量，切实把中国共产党建设成为具有坚定意志的革命队伍、建设队伍、改革队伍、文化队伍和复兴队伍的中流砥柱。而给中国共产党党员注入崇高的政治信仰，这是世界任何别的政党所没有的，也是任何国家所无法比拟的。

中国共产党夺取政权、经济发展、改革开放是传承中国传统文化基础上的创新发展，是马克思主义理论与中国革命、建设、改革实际相结合而走出的一条前无古人、具有鲜明中国特色的创新发展之路。

（四）中国道路的成绩单

中国社会历来是一个典型的入世社会，“实践是检验真理的唯一标准”，事实与结果是最有说服力的，宗旨目标与民众感受是最现实的。

短短28年，中国共产党领导中国人民推翻了“三座大山”，收回了租界，废除了一切不平等条约，消灭了官僚买办资本。中华人民共和国成立以后，中国共产党推动了土地改革，构筑了农村合作社，发动群众大搞农村水利，使农民不仅成为了土地的主人，而且依靠土地解决了温饱问题；中国共产党开展了城市文明建设，取缔了妓院、赌场、烟馆，洗脱了鸦片带来的耻辱；消灭了天花、霍乱、血吸虫、结核病，摆脱了“东亚病夫”的谬称。文盲的数量直线下降，每年毕业数百万大中小学生，而1949年之前，全国每年大学生才2万人，而且绝大多数是戏剧文学类的；中国共产党完成了工业体系改造，在西方围追堵截下自力更生试爆了第一颗原子弹、氢弹……可以说，没有中国共产党，中国最偏远的角落就不会被现代文明之光照射到；没有中国共产党，千千万万的普通中国人民就不会成为国家的主人。

改革开放后的中国正走着中国特色社会主义发展道路，这也是一条前所未有的道路，是中国共产党将马克思主义理论，与中国改革开放实际相结合的道路。中国改革开放所取得令世人瞩目的成功实践，已经完全充分地证明，中国共产党已经真正成为了适应整个世界发展潮流、具有领导中国经济发展、社会进步能力的执政党，是带领中国人民真正富起来的执政党！

今日之中国，用几十年的时间走完了发达国家几百年走过的工业化历程，五千年来第一次真正全方位无死角地消灭了生物学意义上的贫困。

今日之中国，是全球第二大经济体、第一大工业产品制造国、第一大货物贸易国、第一大外汇储备国。

今日之中国，发明专利连续8年位居世界第一，有移动通信、核能发电、载人航天、量子科学、深海探测、超级计算机、天眼望远镜等一大批层出不穷的重大科技成果。

今日之中国，已经逐步将改革开放的经济成果下沉与普及了金字塔的最底层，网络所传新四大发明（高铁、移动支付、网购、共享单车）正在惠及每一位公民。

今日之中国，失去劳动能力的残疾人和孤寡老人再也不会担心饿死冻死，平均寿命上升到了77岁。

今日之中国，你可以在任何一个二三线以上的城市，都能买到全中国甚至全世界各地的特产，买不到也没关系，拿出手机基本都能解决，而这在十年以前都是绝对不可想象的。

当然，虽然成绩巨大，但很多地方仍然不尽完美。在世界文明之林里，面对那些文明转型成功的优秀存在，我们仍有太多的东西需要学习。但有一点，我们可以自豪地说：如今的我们优秀的程度，可以让我们不必羡慕过去五千年来任何一日的我们自己。西方社会对我们道路选择的疑虑也正是出自对中国历史、中国文化的不理解乃至不认知。

我们的道路模式打破了西方中心论，因为我们完全可以依靠中国自身文化力量来完成文明转型，而不是像日本那样靠全盘西化和所谓的普世价值。

我们的道路模式还打破了西方所谓的“文明冲突论”，因为我们的“和合文化”与西方文化中“非赢即输”的零和游戏是有着天壤之别的。我们从来没有殖民历史，“一带一路”这一独创性的“中国方案”，是中国传统文化中通过合作达到共赢目的的结晶，它的前身是汉代的“丝绸之路”。丝绸之路给全世界传播了文明，从来没有带去灾难和战争，如今我们也无意输出我们的道路模式，因为我们对所谓的“输赢”其实毫无兴趣。

我们的道路模式也打破了西方的经济神话，以社会主义与市场经济相结合、政府与市场相配合的混合所有制模式，将中国文化中包容、吸收、再创造特性又一次完美诠释，是对西方文化的精华部分在消化吸收基础之上的再创造，折射的是中国文化的融合创造力。

我们的国家治理模式更打破了西方的民族国家论，以开放包容来保持多样性而完成国家认同，在一块和欧洲不相上下的土地面积上建立了一个统一的国家，而不是名义上的联盟，更不是四分五裂的所谓联盟体。

当前确立的改革开放的基本国策，使中国文化开始制度性地以开放包容的姿态，主动拥抱世界，主动迎接外来文化挑战，主动对接外来文明秩序。中国革命的实践表明，中国特色的社会主义革命道路，把当时被四方列强瓜分殆尽的中国，带到了主权清晰、领土完整的中国。

中国改革开放的实践表明，中国特色的社会主义发展道路，把一个经济曾经一度濒于崩溃的国家，带到了国富民强、世界第二大经济体的位置。

习近平新时代中国特色社会主义道路，将是在现有的成功基础上，在中国共产党领导下，马克思主义理论与中国文化深层次相结合的伟大实践，必将带领整个中华民族彻底走向伟大复兴！

取得今天这样的发展成绩，是因为我们选择了正确的发展道路。这条正确的发展道路是由我们的地理、气候、人群等多因素共同影响决定的，从生产、生活实践中发展而来并不断归纳修正，而形成的最贴合农耕人群文化心理和道德标准的道路。同时，5000年中华民族文化历史，且作为世界上唯一没有中断的中华文明，本身具有开放与包容、兼收与并蓄的特点，也将在当今世界再一次显示非凡的格局与气度。

正是基于以上所阐述的文化基因，我们中国特色社会主义道路就是马克思主义与中国传统文化、中国现实国情的紧密结合。这条道路既传承了中国传统文化的基因，又创新推动了中国文化的发展，为世界发展提供了鲜明的中国方案和中国智慧。

我们完全有理论、有依据、有信心，充分坚定我们当前所走的新时代中国特色社会主义道路的传承性、文化性、伟大性和正确性！

八、传承中国传统文化的基因之二

——中国理论的传承创新

虽然我们说中华文明具有原生性和独立性，但不代表它是封闭的、纯粹的，广义的中国文明本来就容纳了其他文明的优秀内涵。尚不论过去几百年中国与西方的碰撞，从中国文明史来看，中国文明的每一次进步都是与各种文明的融合重构而取得的，文化的融合重构在中国历史上也不止发生一次。

中国文明从最初“满天星斗”到“月朗星稀”，无论是辽河流域、黄河流域、长江流域还是珠江流域的文明体，都已经成为了中华文化内在的一部分。《尚书·尧典》说帝尧“协和万邦”，《左传·哀公七年》说“禹合诸侯于涂山，执玉帛者万国”。不管是“万国”也好，“万邦”也罢，其实都是各类文明实体。春秋时期万国林立，但各个邦国对于像楚、吴、越甚至匈奴、戎狄这样的异质文明虽有争斗但并不拒绝，甚至是相互接纳的。秦统一全国后这个传统依然延续，但中国文明的各个支流渐渐汇到一起，各自打碎了自己的形态，然后重新组合，糅合出一个新的意识形态，这就是自然和社会融为一体的以儒家思想为核心的家国天下的理论框架，这个意识形态主导了之后两千年的中国文明走向。

（一）中国文化善于吸收外来文明

中国本土文化刚刚形成基本框架之后，真正的域外文明——两汉之际从印度东渡的佛教就敲开了中国的大门。这是中国文明第一次与真正意义上的域外文明接触。由于佛教提供了中国意识形态中从来没有的六道轮回、因果报应等概念，满足了人们对死亡的思考和想象需求，在一定程度上弥补了儒家人生观的不足或缺陷，至少提供了一种精神慰藉，有助于人们克服对死亡的恐惧，因而迅速从上流社会渗透到了社会的各个阶层——“南朝四百八十寺，多少楼台烟雨中”，其盛况蔚为壮观。

佛教进入中国后并没有改变中国文明的既有框架，是中国文明与外来文明第一次意识形态的融合，而佛教也在这个融合的过程中充分中国化，逐渐适应和融入中国传统文化、中国民间习俗，尤其是其“善有善报、恶有恶报”“积德行善、往生极乐”的主张非常符合中国世俗常识，并与《易经》“积善之家必有余庆，积不善之家必有余殃”相互辉映，是对印度佛陀的原始教义进一步的深化与带有中国文化特色的理解。而后诞生的并且占中国佛教主流地位的佛教流派——禅宗即是完全中国化了的佛教。

山西大同云冈石窟——来自大兴安岭的鲜卑人创造的文化瑰宝，被列入了《世界遗产名录》。走进石窟，你会发觉这是世界文明的大聚会。其中遍布罗马式的廊柱，那是希腊文明的痕迹。虽然佛像属于印度文明，但雕像都是高鼻梁深眼窝，袈裟衣纹厚重，似是羊毛制品，颇像波斯人的手法。

于是，中华文明和其他文明的优秀因子融合在一起，就在几百年的时间里，发生了脱胎换骨的变化，魏晋玄学、宋明理学相继诞生，重新建构了一个升级换代版的中国古代文明。

云冈石窟

以儒释道为核心思想的传统意识形态在农业文明时期发挥了巨大的稳定作用，但中国要与世界的发展潮流同步前进，五千年的中国历史必须改变方向，在经历了从器物到制度到文化的过程以后，中国人民找到了马克思主义来代替传统的意识形态，并将之中国化后引导中国走向一条现代化的民族复兴的新路。

1848年，鸦片战争发生后的第8年，《共产党宣言》正式问世，它的出现标志着马克思主义的正式诞生；1920年，《共产党宣言》由陈望道翻译成中文正式出版；1921年，以马克思主义为指导思想的中国共产党在上海正式成立；1949年，在中国共产党的领导下，中华人民共和国正式成立。谁也无法预料，马克思主义不仅深刻影响了整个世界，也让古老的中国发生了翻天覆地的变化。

来自西方的马克思主义本身是一种社会理论，它创造性地揭示了人类社会发展规律。虽然马克思主义诞生在欧洲，但它的思想与中国传统文化却有着天然的相通之处。孙中山先生曾说："考诸历史，我国固素主张社会主义者。井田之制即均产主义之滥觞；而累世同居，又共产主义之嚆矢，足见我国人民之脑际，久蕴蓄社会主义之精神。"

马克思主义的许多观点都可以在我们的历史典籍中找到合适的对应点。甚至在抽象意义上来说，马克思主义与中国传统文化，比与西方传统文化更具内在统一性。因为马克思主义描绘的共产主义不是基督教的天堂，而它提倡的唯物哲学与中国文化的入世哲学却异曲同工、天然契合。

比如马克思主义中关于共产主义社会的描述，不就是"使老有所终，壮有所用，幼有所长，矜、寡、孤、独、废疾者皆有所养”吗？

我们在运用马克思主义来讨论全社会的关系时，不就可以用“天下为公”来形容吗？

马克思主义善待自然的态度，不就是“天人合一”吗？

马克思主义历史唯物论说“人民群众是历史的创造者”，而中国历代君王都受到“民惟邦本，本固邦宁”的教诲。

马克思主义的认识论说“认识是在实践的基础上不断深化的过程”，而王阳明说“知行合一、以行为本、知易行难”。

马克思主义的辩证法说：矛盾存在于一切事物之中，存在于一切事物发展过程的始终，旧的矛盾解决了，新的矛盾又会产生。而中国的道家说：阴阳共生、物极必反。

我们还可以找到许多这样的例子，从中能看出马克思主义的许多理论与中国古代哲学体系处在同一维度，有着天然的相通之处。尤其是在开放性和包容性方面，马克思主义与中国传统文化是有着类同性的。因此，近代以来，唯独马克思主义能在中国根深叶茂，而西方其他各种主义都已黯然退场。

正是因为马克思主义和中国传统文化中的进步性文化价值观有内在的天然契合性，才让中国人民最终选择了马克思主义理论和社会主义理论。同时，也正是因为传承了将世界文明中国化的基因，中国特色社会主义理论即是马克思主义传入中国后将之中国化的理论成果，成为了中国共产党在马克思主义的指引下指导中国革命、改革、发展和复兴的核心理论。

中国特色社会主义理论，孕育于中国大地、诞生于中国革命、实践于中国建设、创新于中国改革、发展于中国崛起、深化于民族复兴，是中国文化与世界先进理论的又一次融合重构，是经过几十年的实践检验并得以证明最能够有效实现中国革命、改革、发展的理论体系。

（二）中国化马克思主义理论的实践

20世纪八九十年代之交，东欧剧变、苏联解体，世界社会主义陷入低潮，但是马克思主义的旗帜依然在中国的上空高高地飘扬。个中原因当然很多，但从文化角度看，则不能不说正是由于马克思主义与中国文化之间有着更为普遍、更为深刻的契合度，中国传统文化中的思想精华才可以通过与马克思主义的结合来创造性转化和创新性发展。这为马克思主义中国化作出了贡献，也向全世界更好地讲了中国故事。

应该说，这既丰富了中国特色社会主义的文化内涵，也丰富了马克思主义的理论宝库，为解决人类共同问题提供中国智慧和中国方案。而中国优秀传统文化基因，正是通过马克思主义的指导，才获得了当代性格。

中国特色社会主义理论的创建，从中国革命实践时就已经开始了。以毛泽东同志为主要代表的中国共产党人，团结带领各族人民推进并完成了新民主主义革命，创立了毛泽东思想；中华人民共和国成立和社会主义改造完成后，又提出探索中国建设社会主义道路的任务，创建了人民代表大会制度和中国共产党领导的多党合作与政治协商制度等一系列具有鲜明中国特色的理论体系。

1987年，中国共产党第十三次全国代表大会上第一次正式提出了“建设有中国特色的社会主义理论”的概念；1992年，邓小平同志发表南方谈话时，阐述了中国特色社会主义理论的系统观点；1997年，党的十五大正式使用邓小平理论的概念，明确将邓小平理论作为党的指导思想；2002年，党的十六大把“三个代表”重要思想确立为全党的指导思想；2007年，党的十七大将改革开放以来马克思主义中国化的最新成果邓小平理论、“三个代表”重要思想以及科学发展观等重大战略思想，整合成“中国特色社会主义理论体系”这一内在统一的整体；2012年，党的十八大把科学发展观正式确立为全党的指导思想，对中国特色社会主义进行了更加系统的阐述；2017年，党的十九大提出了新时代中国特色社会主义理论体系。可以说，中国特色社会主义理论的创建、发展、创新始终与中国革命、发展、改革、复兴的实践密切相联，指导着中国实践不断取得新的胜利。

中国特色社会主义理论创建，源于中国革命实践为基础的毛泽东思想，是马克思主义基本理论与中国实际的第一次结合。具体来说，是与中国革命实践的有机结合，产生了指导中国革命实践的“具体问题具体分析”。毛泽东思想使得中国共产党由革命党成为能够领导中国革命实践的执政党，并领导中国人民真正站了起来。

马克思主义中国化在中国共产党幼年时期也是走了一点弯路的，其遇到的最大敌人就是教条主义。教条主义最大的特点就是说话往往好听，而做事却绝对幼稚。以王明为首的“苏联海归派”、号称“百分之百的布尔什维克”的“二十八个半布尔什维克”在掌握了中共领导权以后，激情有余，理性不足，除了对马列著作可以倒背如流以外，并不了解中国国情和敌我力量对比，就生吞活剥苏联经验，用主观想象和照搬马列教条去指导中国革命，先是“左倾机会主义”后又是“左倾冒险主义”， 这种政策导致中国共产党在白区的力量损失了百分之百，在苏区损失了百分之九十，中国革命一度陷入绝境。

直到遵义会议的时候，左倾理论才得到了一定程度的纠正。后来，毛泽东在《〈农村调查〉的序言和跋》一文中对这些以“钦差大臣”自命的教条主义者有过尖锐而深刻的批评：有许多人，“下车伊始”，就哇啦哇啦地发议论，提意见，这也批评，那也指责，其实这种人十个有十个要失败。因为这种议论或批评，没有经过周密调查，不过是无知妄说。我们党吃所谓“钦差大臣”的亏，是不可胜数的。而这种“钦差大臣”则是满天飞，几乎到处都有。毛泽东感叹说：“教条主义真害死人！他们不做实际工作，不接触工人、农民，却要指手画脚，到处发号施令。同国民党打仗，怎样才能取胜？农民为什么会革命？他们懂吗？”

毛泽东思想建立了“实事求是、群众路线、独立自主”三大理论精髓，在革命战争年代，坚持依据中国农耕社会这一背景，从土地改革出发，充分调动和激发中国社会最广大农民的革命积极性和主动性，通过农村包围城市的革命实践，依据中国历史发展的人文规律，开创性提出并实施了“统一战线、武装斗争、党的建设”这一革命制胜的“三大法宝”，为中国革命实践提出了具体实施的方法论。

“三大法宝”本身与中国历史上社会治理模式密切相关。在周朝的王畿外围，以五百里为一区划，由侯服、甸服、绥服、要服、荒服五服组成。《尚书·禹贡》有曰“五百里绥服，三百里揆文教，二百里奋武卫”，故有“揆文奋武”之说。揆文教，即“文化”；这里的“文化”，就是通过思想引领、人文教化、精神感召等方式，推动客体思想理念的转变，实现精神层面、意识层面的价值认同。这应该是“统一战线”的历史出处和文化渊源。“奋武卫”，即“武化”。这里的“武化”，是对于极少数不可能成为朋友，具有不可调和的矛盾、相互冲突的目标客体，则会采用具有强制性的武力手段捍卫文化的结果，以实现“大一统”的奋斗目标。这应该是“武装斗争”的历史出处和文化渊源。

这种符合中国当时社会人文需求，开创性地将马克思主义基本理论与中国革命实践相结合，开辟了整个中国革命的新实践，并最终帮助取得了领导中国人民站起来的伟大胜利。

中国特色社会主义理论的发展，源于中国改革实践的邓小平理论、“三个代表”重要思想和科学发展观，是马克思主义基本理论与中国实际的第二次结合。

这次结合，马克思主义基本理论与中国改革开放实践再次有机结合，产生了改革实践应秉持的解放思想、实事求是的态度，使中国共产党成为能够领导中国经济社会发展的执政党，并确保中国人民真正富起来。

中国特色社会主义理论体系把握整个中国传承农耕社会习俗、秉持农耕文化这一现实国情，吸纳了中国优秀传统文化中的治国安邦思想，以“安民富民乐民”为基本策略，坚持经济建设为中心，采取农村包围城市的改革之路，从农民、农村、农业改革起步，极大地激发了农民投身改革的积极性，并逐步走向城市。同时，依据中国人文需求和改革承受能力，采取“渐进式”改革，最终在全国铺开，取得了令世人瞩目的成就。这种坚定地走符合自己国情的改革开放之路，坚持实践是检验真理的唯一标准，才得以在国际形势复杂多变的情况下，审时度势、砥砺前行，保持整个改革开放的有序推进，经济迅猛发展，社会事业全面进步，人民生活不断改善，中国已经以崭新的姿态屹立在世界民族之林。

中国特色社会主义理论是指导中国经济社会发展理论的基础，这种符合中国改革发展的人文需求，全面性地将马克思主义基本理论与中国改革实践相结合，开辟了中国改革开放社会建设的新实践，并取得了领导中国人民富起来的伟大胜利。

新时代中国特色社会主义理论的创新，源于中华民族伟大复兴的实践，是马克思主义基本理论与中国实际的第三次结合。

这次结合应该是马克思主义基本理论与具有浓郁农耕特色的中国传统文化深层次结合，得以焕发中国优秀传统文化的人文魅力，体现中国优秀传统文化正本清源地发挥其本源作用，从而使中国共产党成为能够领导中华民族伟大复兴的执政党。

第三次结合的标志性目标是中华民族的伟大复兴，中华民族伟大复兴应该是中国文化的伟大复兴，是中国文化在中国大地上的全面秉持和充分运用，是中国人文秩序的全面规范和自觉履行，是中国文化在整个世界上影响力的全面扩大、在国际上的全面认同。

当前中国社会的主要矛盾是人民日益增长的美好生活需要与不平衡不充分的发展之间的矛盾，其中物质生活与精神生活之间不平衡不充分是矛盾之一。这对矛盾中的短板，实际上是物质生活丰富以后，急需良好的人文秩序和文化引领与之配套。

（三）以文化为基础的理论创新认识

当前，迫切需要审视整个国际社会的大环境，从引领中华民族人文需求出发，充分挖掘中华优秀文化内在本质的基础上，全面凝聚中华民族的内生向心力、外在文化力，切实形成解决当前各种复杂问题的“中国智慧”“中国方案”“中国模式”。

在中国这样一个从未由宗教信仰主导社会发展的国度，需要以中国优秀传统文化中的道德教化思想为价值秉持的人文追求成为现实中国社会的价值导向和核心价值观，以填补当前中国人文精神的相对缺失。或者说，以社会主义本质要求出发，加快形成秉承中国优秀传统文化内核、充分体现对中国传统文化的继承和升华的全新的中国人文秩序。特别是正本清源地梳理并焕发中华优秀文化的真正魅力，才能全方位地唤起整个中华民族的文化自信，提振全体中华民族儿女实现民族伟大复兴的自觉性和主动性，使得当今中国文化真正形成中华民族所坚定秉持、全世界所共同认可的先进文化。

中国特色社会主义理论十分丰富，在这里我们仅以中国共产党的“三大法宝”理论为例，理解性地认识其现实文化内涵和现实实践意义。“三大法宝”作为中国革命、建设、改革、发展的制胜法宝，具有深刻的历史传承和深邃的文化底蕴（在本章节前面已就此进行了阐释），也必将随着时代的发展和社会的进步，不断注入新的时代活力和生动的实践内涵，使得中国共产党的“三大法宝”更具时代特征、更具现实指导意义。

任何一个社会的有序运作，需要不断建立健全两个基本的社会秩序，即保证社会稳定的法律秩序和推进社会崇尚的人文秩序。法律秩序是保证社会发展的基础秩序，是一个刚性秩序，也是社会的底线秩序；人文秩序是社会崇尚的引领秩序，是一个道德秩序，具有时代特征的公共价值体系，也是起到价值导向作用的进阶秩序。法律秩序决定了社会的稳定性、规范性和制度性等广度界限；人文秩序决定了这个社会的引领性、创造性和延展性等高度界限。

在2015年5月召开的中央统战工作会议上，习近平总书记专门强调要结合当前实际，深入研究“三大法宝”的现实意义。为此，从文化角度现实性地认识和把握“三大法宝”的现实意义，并有的放矢地认知、运用和发挥“三大法宝”的作用，显得十分重要。

我们理解，作为拥有百年历史的革命党和70年经历的执政党，需要从执政的角度，不断构建良好的人文秩序（统一战线）和法律秩序（武装斗争）；从革命的角度，不断自我创新地夯实自身基础（党的建设），以此全面彻底地承担起中华民族伟大复兴的重任。

新时代的“统一战线”就是大文化，党委部门实际上都是做人的工作，是“以文化之”“教以化之”的部门。其中组织部门就是要保证党员的先进性，纪检部门就是要保证党员的纯洁性，宣传部门就是要发挥思想的引领性，统战部门就是要培养党外人士的代表性。这样才能全覆盖地感染、影响和引领全社会在“文化认同”的基础上，实现“政治认同”，以此推进整个中华民族伟大复兴事业的发展进步。

新时代的“武装斗争”就是大法治，行政部门实际上都是依法处理各项事务的工作机构，是“依法治国”“实施法制”的部门。每个行政部门也都是因应某个法律法规而产生和存在的，行政部门必须按照法律法规公平公正公开地处理政务、管理事务，依法、遵法、执法、履法本身就具有严肃性和强制性。因此，法治化本身就与“武化”有着类似的刚性，和平年代“武装斗争”的应有之义应该就是法治。

新时代的“党的建设”就是健全党员责任，党员除了率先垂范地做好本职工作、体现先进性以外，还须履行好引领群众的责任。即过去所说的“教化子民”，体现中国传统意义上“官师一体”的责任，既要管理社会，又要引导民众。同时，还须包含加强参政党建设，以确保建设一支和与时俱进的执政党相匹配的参政党队伍，更好地维护中国共产党领导的多党合作和政治协商这一基本政治制度。

1. 统一战线的现实意义

维护和崇尚良好人文秩序就是“统一战线”。采取非武化的方式，用思想感化、思想引领的方式以文化之，以推动形成全社会共同崇尚和追求的价值秩序。各级党委部门承担的实际上就是这一职能，主要致力于形成一套引领社会发展的人文秩序，推动全社会思想境界的提升。党委部门都是做争取人心的工作，也就是“大文化”的工作，新时代的统一战线就是通过增强党内的先进性、纯洁性，推动党外的代表性，形成思想的引领性，用“文化”的方式，引领整个社会发展的正气，形成积极向上的社会氛围，不断推动全社会的文明水平提升，实现社会健康稳定和谐发展。具体来说：

组织部门很重要的职责，就是不断培养和激发全体党员始终保持先进性。注入政治信仰是中国共产党有别于其他任何政党的重要特征之一。始终保持共产党员先进性就是政治信仰落实到具体社会实践的体现。包括不断强化信仰意识、深化群众观点、提升理论水平、提高思辨水准、发挥模范作用、增强调处能力等，切实使

9000多万中共党员在各行各业中始终成为引领各项事业发展的岗位先锋队、思想先锋队、文化先锋队和革命先锋队，影响和带领全国人民全身心地投入中华民族伟大复兴的光辉事业，真正成为建设习近平新时代中国特色社会主义道路、理论、制度和文化的坚定秉持者、引领者和推进者。

纪检部门很重要的职责，就是不断强化监督执纪，始终保持全体党员的纯洁性。勇于纯洁党性、敢于自我革命是中国共产党有别于其他任何政党的重要特征之一。也是中国共产党依然是革命党的责任使然。具体而言，就是切实有效地保持党员严守政治纪律、组织纪律、廉政纪律，完全做到令行禁止、莫不率从，使各级党组织和每一位党员真正做到法令严正、纪律严明，“公则生明、廉则生威”，始终“不忘初心、牢记使命、永远奋斗”，始终在全国人民心目中树立干净、纯粹、高尚的人格品质，始终成为值得跟随值得信赖、能够真正承担起伟大斗争、具有坚强意志和毅力的革命队伍。

宣传部门很重要的职责，就是不断进行理论创新，始终保持思想的引领性、文化的指导性。密切联系实际、不断推出创新性理论是中国共产党有别于其他任何政党的重要特征之一。只有不断提出符合中国实际的创造性理论，才能实现对全体国民的思想引领。其中，特别应该在思想引领过程中采取“以文化之”的方式方法，坚决杜绝填鸭式的理论说教和空洞乏味的思想动员。习近平新时代中国特色社会主义理论思想是我们党顺应时代发展和中国社会的人文需求，立足中华优秀传统文化，在引领中国社会发展的实践基础上进行全新的理论创新。坚持正确的理论、引领时代之先的理论、符合中国传统农耕社会特质的理论，才能真正吸引人、打动人，才能在全体党员群众的思想上打下真正的文化烙印，进而引领全社会自觉投身于新时代的伟大实践，在实践中体现思想的引领性，并且在全社会彰显中国特色社会主义的理论优势和文化优势。

统战部门很重要的职责，就是不断发现和培养各个领域党外人士的代表性。发展和壮大最广泛的爱国统一战线是中国共产党有别于其他任何政党的重要特征之一。团结大多数是推动实现中华民族伟大复兴的重要力量保证。党外人士分布在经济社会的各个领域和各个行业，普遍具有一定的社会影响力，发现和培养优秀的党外代表人士，目的是进一步凸显其在各自领域和行业的代表性，从而更好地引领其所代表的群体。其中的重点是如何将行业代表人士培养成既是行业代表，又是政治代表。为此，应着重实现“三个有机结合”，即实现代表人士个人价值与社会责任的有机结合，实现各级党委推进中心工作与履行统战责任的有机结合，实现党的集中统一领导与参政党职责履行的有机结合，最终目的是不断巩固党的执政基础和群众基础，从而进一步在全社会彰显中国特色社会主义的道路优势和制度优势。

综上，只有抓紧抓住全体党员和社会各界中关键少数，从内在素养上的修炼至外在行为上的提升，使其达到文化、理念和政治上与党中央保持高度一致和高度一致认同，使其自觉成为当代中国文化秩序的秉持者和践行者，发挥起模范带头作用，进而引领整个中国社会向更高的文明程度和道德水平进发。

2. 武装斗争的现实意义

法律秩序与人文秩序是文化与武化相合的关系，法律秩序要对维护人民民主专政起到根本保障作用，对中国特色社会主义价值体系传播起到规范引导作用。从这个意义上来说，它具有“武装斗争”的性质和功效，即以法治的方式来实现有效的社会治理和维护基本的社会秩序。在和平年代，我们仍然要清醒地认识到“斗争”存在的必要性和党的十九大提出的“进行伟大斗争”的重要现实意义。和平年代的武装斗争，要从以力服人向以律服人过渡，核心在于对法治刚性和神圣性的确立和维护。国家法律秩序的建立和行政法规的执行所具有的强制性和严肃性，与“武装斗争”的目标取向是一致的，并以之为实现社会治理和社会管理的强大后盾和根本保障。为保证国家法律和各级规章执行的严肃性和规范性，国家从上至下建立起了公检法司和各级政府职能部门，组成确保法律法规有效执行、社会秩序有序运作的国家机器，从而支撑起维护社会有序运行的基本底线。

当前的“武装斗争”，实际上就是公检法司和各级政府职能部门用强制的“武化”手段，充分维护“违反共同约定（即法律法规）必然受到惩罚”的必然性原则，保证社会秩序底线不被突破，维持社会最基本的公平正义。建立运行良好的法律秩序，实现经济发展、政治清明、文化昌盛、社会公正、生态良好，必须更好发挥法治的引领和规范作用。法治的确立和维护，需要在中国共产党领导下，坚持中国特色社会主义制度，贯彻中国特色社会主义法治理论，形成完备的法律规范体系、高效的法治实施体系、严密的法治监督体系、有力的法治保障体系，形成完善的党内法规体系，坚持依法治国、依法执政、依法行政共同推进，坚持法治国家、法治政府、法治社会一体建设，实现科学立法、严格执法、公正司法、全民守法，促进国家治理体系和治理能力现代化。

综上，法治建设就是新时代的“武装斗争”，也是当代中国核心价值体系和社会人文秩序的基本保障和重要导向。通过以律服人，因势利导的方式，使依法治国和违法必惩成为铁律，在法治保障下的强而有力的公理正义真正化为广大党员、人民群众的所信受奉行的唯一社会公共评价标尺，实现原先“武装斗争”所追求的再建“权威”的朴素目标。

3. 党的建设的现实意义

“党的建设”是保证“人文秩序”和“法律秩序”正常运作的根本，是中国共产党作为执政党建设的基础，也是中国共产党区别于其他党派的重要特征之一。中国共产党党员的信仰是实现共产主义，中国共产党之所以伟大，在于给人注入一种具有崇高理想的人文信仰，并能够带领广大人民执着不懈地努力追求。

2018年纪念马克思诞辰200周年时，习近平总书记在讲话中提到，马克思至今依旧被公认为“千年第一思想家”，除了其理论的正确性以外，还有一个基础的问题，即马克思主义理论是入世思想，是与中国历来的入世哲学极度吻合的。

中国共产党则是将共产主义现实的理想信念注入每位党员的精神世界，这既来源于中国传统文化对君子的要求，也高于中国传统文化对一般意义上君子的要求，从而构建起每位党员秉持人文理念的精神支柱，使得共产主义的信仰成为每位党员的应尽职责，并化作具体的工作和生活实践。追求实现共产主义不是一种宗教信仰，而是一种政治信仰，是未来现世的追求，而不是出世的追求。天堂与共产主义都是人类的追求目标，从某种程度上讲，人类社会对理想的需求也是殊途同归的，之间的差异在于是出世后实现，还是在现世中实现。中国人不是没有信仰，而是中国主流社会历来没有被宗教信仰所主导。中国人过去一直是祖宗信仰、道德信仰，而现在是共产主义信仰和中国文化的人文信仰。

“三大法宝”中“党的建设”起到的是关键性作用，是支撑“统一战线”和“武装斗争”两大法宝有效运作的基础，也是推动两大法宝化为实践的根本。当下党的建设还应该丰富和增加以下内容。

一是强化党员的“文化”责任，体现“官师一体”的作用，即党员既要履行好本职岗位职责，还要能够“教化民众”。每位党员无论在工作、学习还是生活中，都要发挥在思想上的先进作用，在文化上的引领作用，在实践中的模范作用。党员履职的标准还应体现在影响和带动了多少群众、组织和发动了多少群众、感染和“文化”了多少群众。

二是全面提升基层党组织的组织力。组织力是党组织的生命力，重点体现在组织群众、宣传群众、凝聚群众、服务群众的能力，以此最大限度地把群众动员起来，引导群众发自内心地听党话、跟党走，把基层党组织建设成为教育党员的学校、团结群众的基地、攻坚克难的堡垒。

三是参政党建设也是党的建设的重要内容。民主党派是社会主义建设的参政党，已经不再是过去泛泛意义的党派组织。建设充满活力的新型政党关系需要参政党承担更加艰巨的任务，参政党的建设也是党的建设的组成部分。中国共产党有责任有职责帮助和督促民主党派加强自身建设，切实打造一支与执政党执政要求相匹配、共同为中华民族伟大复兴而不懈努力的参政党队伍。

（四）中国特色社会主义理论是经过实践验证成功的理论

现实的成功就是最好的理论，没有一条抽象的教条能够与之辩论。任何理论只有经过实践的检验，才能真正确认理论的正确性。与具有宗教信仰的国度所秉持的出世哲学思想不同，中国社会是一个典型的秉持入世哲学思想的社会。出世哲学是离开这个世界以后才能验证的理论。目前还没有哪一个出世理论得到过真正验证。因为谁都无法验证离开这个世界以后，人是否真的能够进入天堂，或是下地狱。而入世哲学则是在现世就可以也必须验证其理论的正确与否。也正因如此，有也只有在中国才敢真正说出“实践是检验真理的唯一标准”这样的至理名言！

以中国特色社会主义理论为指导，中华民族彻底改变了贫穷挨打的局面，中国人民的生活发生了翻天覆地的变化，使中华民族比历史上任何时期都更加接近伟大复兴，无疑它是经过中国革命实践、中国改革实践、中国发展实践所充分验证、取得彻底成功的理论，其成功的重要标志就是中国人民已经真正站起来和富起来！

同时，中国特色社会主义理论，立足于中国大地、传承于中国传统、服务于中国民众，特别是其所秉持的理论、所明确的战略、所确定的目标、所采取的方法，皆是依据中国各个时期的现实实际，尊重中国传统文化，引领中国人文需求，并切实激发和调动出广大人民群众的主观能动和现实潜能，因此，才真正成为符合中国不同时期人文实际需求并引领中华民族发展壮大复兴的理论！

以上这些，使我们有理由充分相信，任何身处中国大地，切身感受中国从贫穷逐步走向富裕、从落后逐步走向先进、从愚昧逐步走向文明整个发展历程的中国人，包括关注中国发展的外国人，在充分了解和认识中国特色社会主义理论体系之后，应该也一定会感受到中国特色社会主义理论本身所具有的与时俱进和发展创新，也一定会拥有这份通过实践感知的理论自信！

九、传承中国传统文化的基因之三

——中国制度的传承创新

有一个很奇怪的现象：自20世纪80年代起，尽管中国人民日子越来越好过，世界“班支书”的位置也越来越稳固，但每隔七八年就会有中国崩溃论的声音沉渣泛起。首先是东欧剧变苏联解体时，后来是东南亚金融危机时，再是中国加入WTO时，然后又是美国次贷危机时，最近一次出现在上一次股灾时，每一次看上去都是言之凿凿，但中国人民丝毫不受影响。

为什么某些西方势力总是看中国那么不顺眼呢？也许因为中国是一个无神论世俗化社会、不采用西方制度的国家，这样的国家在他们看来是有原罪的，是个怪胎！而中国却偏偏飞速发展，让他们感觉眼里揉了一颗沙子，因此必须黑化中国，只有这样才能显示出他们是“上帝的选民”！

但为什么中国崩溃论会屡屡失败？一些西方学者列出很多原因，如世俗化的社会没有宗教冲突的土壤，各民族之间和谐相处没有民族冲突，中国人有吃苦耐劳精神，甚至还有人说中国最擅长的是“弯道超车”，善于钻规则的漏洞等。但很少有人说是因为中国的国家治理能力超强，而国家治理能力离不开它的制度建设。

现代西方文明国家大多采用民主制度，过去数十年，某些西方学者坚信，现代化只有一种标准模式，必须参照西方的制度模式才能踏入文明世界，西方的民主制度是“历史的终结”（美国学者福山语），是“普世价值”。但历史证明，这些学者搞错了因果关系，西方发达国家不是因为采用了民主制度而成为现代化文明国家，而是成为了现代化文明国家后才选择了民主制度。近四十年中国的成功也说明了除了西方的制度，走向文明应该还有另外一条道路。

任何一种国家制度都源于这个国家所传承的文化基因，是所传承的文化在这个国家实施国家治理模式的外在规范的显现，是有着深刻的历史传承和文化内涵。文化本身是一个复合的有机整体，内容十分丰富，而不同的历史和文化，会产生不同的制度。这些制度没有谁优谁劣，谁对谁错，选择哪一种政治制度关键要看是否符合各自的文化传统，是否适应民众的人文需求，是否有利于民主的良好实现，是否更有效地推动社会经济的发展。

（一）西方民主的起源及内涵

西方民主源于古希腊时期雅典的直接民主制度，这种以抽签来决定选举权的最为简单的民主方式就是西方民主的起源。当代西方民主制度，继承和发展了希腊民

雅典民主大会

主制度，但把抽签改为了一人一票，这种民主制度的突出特征是履行“民主”这一形式，以少数服从多数的原则来实现非暴力手段解决权力的分配与更替，因此它更注重的是形式和程序，而非结果和内容。

以英美两国为例。英国是议会制，美国是总统制。英国议会选举采用“领先者获胜”的原则，不管得票率多少，最多的一个当选。美国总统选举采用选举人制，一个选区选出的选举人，哪个党占了多数，这个党就通吃该地区的选票——“赢者通吃”。但这里面有个最大的悖论，即是赢得选举胜利的多数往往只是相对多数，而非绝对多数。如2016年特朗普以赢者通吃的规则胜出，但其全国总票数是少于另外一个候选人希拉里的。英国议会议席如有4个候选人，胜出的一方只需要获得超出25%的选票就能打败其余3个人，而25%到底算不算“多数”呢？这个悖论在现有的规则下是永远无法解决的。

2011年，在经历了500多天没有中央政府之后，比利时《千人集团宣言》指出：“除了民主，现在全世界的革新无处不在。如公司必须不断创新，科学家必须不断跨越学科藩篱，运动员必须不断打破世界纪录，艺术家必须不断推陈出新。但说到社会政治组织形式，我们显然仍满足于19世纪30年代的程序。我们为什么必须死抱着两百年的古董不放手？民主是活着的有机体，民主的形式并非固定不变的，应该随着时代的需要而不断成长。”因此，运行了200多年的这套民主制度已经成为了只讲程序和形式的教条，其最大困境是无法“与时俱进”，必须进行政治改革来加以改革，必须走出民主是少数人才玩得起的游戏的困境，避免“4年爽一次，爽后悔4年”的怪圈。

（二）当代中国民主的内涵和起源发展

当代中国民主的主要理念，就是“人民当家作主”。得民心、得民意、有民望，并且要真正能作主，会作主，作好主。也就是说，中国民主是反映在内容和结果中的。“人民当家作主”这一民主内涵，可追溯到周人翦商之时周武王提出的“天命靡常，惟德是辅”，把“德”字作为衡量取得政权的重要标准，或者说是“唯一”标准。意思是上天眷顾的是那些照顾民众的有德品、有德行的人，唯有“德”“才”到了，才能够得到和保持上天的眷顾。这时候，周人把“天”

与“民”进行了有形的联系。“天意”即是“民意”。这在当时“君权神授”的大环境下，能够提出这一观点，是非常不容易的。

而这句话，实际上是周朝号召周边小方国共同对付“大邑商”的政治宣言，并迅速得到响应，由此才能够战胜殷商，取得中原的统治权。这也恰恰说明，当时社会对“德”的认同和整个社会开始对“德”的追求。

1. 为人民当家作主的标准

具有良好的“德品”“德才”，是为民众当家作主的标准。这里的“德”，其实就是能够获得和拥有民声民望民意的集中反映，也就是能“照顾好百姓的人”，才是有德才的，也才能受到天赐政权。这才有“以德配天”“以德配位”的概念。也就是说，取得政权标准是要有“德才”品质。

就是说上天是将权力授予“德被四海”的人，这里既有“天意”，也有“民意”。“民意”是通过取得政权和掌握政权，来表达“天意”的理所当然。而不是殷商王朝的“君权神授”的“我生不有命在天”。

“德”是与“天”联系在一起的，是与“民”联系在一起的，个人、家族、国家有德有才，便能得到上天的垂顾，成为“受命之人”“受命之族”“受命之国”。“地势坤，君子以厚德载物”，“德”成为了涵盖诚信、仁义等一切美好品行的道德范畴。

这才有了孔子的“道之以德，齐之以礼，有耻且格”的王道原则；这才有了孟子的“民为贵，社稷次之，君为轻”的民本原则；这才有了作为教育各级官吏学习治国理论的“大学之道在明明德，在亲民，在止于至善”（《礼记·大学》）的道德纲领。

同时，《周易》又对中原社会发展的规律进行了“变”的揭示，“变”是常态，“不变”才是特例。“变”，怎么变，从根本来说，是有着规律的。也就是说，只有当权者的“德品”“德才”，能够随着中原社会发展规律不断地变化、不断地提升，才能始终得到上天的眷顾。殷商特别是商王帝辛（纣王）的“德品”“德才”已经不足以主宰中原了，所以必须更换。

因此，从中国文化诞生开始，以及中国文化的形成、发展的整个过程中，都是把中国文化内在核心——“德”和中国社会发展规律——“变”，有机地融合到中国社会人文秩序的建立、形成、发展之中。

“德”成为了中国伦理的人文追求，成为了中国文化的核心概念。这里有着十分突出的“民声”“民望”“民意”的概念，也就是说只有代表着民众的意向，才能得到民众的拥护、民众的期望，也只有“德才配位”，才能代表民众管理社会，成为人民意愿的代言人、人民权力的代行人、人民权利的维护人，也才能做到“为人民当家作主”。

中国共产党从诞生之日开始，就把人民利益摆在了首位，特别是在党章中明确指出“中国共产党党员必须全心全意为人民服务，不惜牺牲个人的一切”，宗旨就是为人民服务，这就是“德”的要求。同时，不断净化中国共产党党员的“德品”，特别是连续不断地以永远在路上姿态，全力惩处侵害人民利益的腐败现象，全面纯洁中国共产党为人民服务的党性。“不忘初心、牢记使命”成为了中国共产党矢志不渝的追求，以此保证党员始终保持应有的“德品”。这一点，是世界任何政党所没有的。

与此同时，不断提高中国共产党的“德才”能力，努力提高推动社会经济发展的能力，把满足人民群众不断发展的需求，作为各时期执政的目标和提升执政能力的要求，主动在复杂的世界环境中提高引领整个民族发展壮大的能力，这是“变”的要求。特别是有针对性提出解决各个时期社会的主要矛盾，而且始终与民意、民望、民需、民欲直接对应起来：

中华人民共和国初期提出解决“人民对于建立先进的工业国的要求同落后的农业国的现实之间的矛盾”；

1956年提出解决“人民对于经济文化迅速发展的需要同当前经济文化不能满足人民需要的状况之间的矛盾”；

1979年提出解决“生产力发展水平很低，远远不能满足人民和国家需要的矛盾”；

1981年提出解决“人民日益增长的物质文化需要同落后的社会生产之间的矛盾”；

2017年提出解决“人民日益增长的美好生活需要和不平衡不充分的发展之间的矛盾”。

也就是说，在“德才配位”的前提下夺取政权之后，必须努力提升自身“德品”素养、“德才”素质，即保持党性的纯洁性和提高党的执政能力，以此才能不断引领性地满足民众日趋增长的物质文化需求，这也成为了中国共产党长期执政的关键。

（三）东西方国家构成中的文化差异

对民主概念的不同理解和认知，便会形成不同的维护各自民主的相关社会制度和政治制度。这与各个国家的形成过程，以及所传承和秉持的人文理念有着直接的关联。

中国的国家形成是由部落到部落联盟，再由部落联盟到领土国家（领土国家是由中心城市或首都和其他城市及农村所组成的），随后是历时2000多年的文明国家（非民族国家）。中国对国家的认同以文化为标准，而非民族血缘为标准。

这是因为农耕社会背景下，在面临生存、生产和生活问题时，必须共同形成有组织的合力，才能加以克服和解决，所以是在共同彼此需求的情况下，自然形成了生存共同体、生产共同体和生活共同体。凝聚各个族群共同生存、生产、生活的基础是各个族群的文化认同，也就是说中国是文化认同的共同体，也有西方专家断言说，中国就是一个“伪装”成国家的文明体。

中国这种典型的农耕社会为特征的国家，是把家庭（家族）作为社会组织构成的基本单位，社会或国家结构是家庭（家族）结构的放大，社会伦理是家庭（家族）伦理的放大，以家庭（家族）为特征的习俗、风气、秩序以及文化，成为了整个社会（国家）人文秩序的基础。简而言之，就是“家是最小国，国是千万家”。

同时，以礼仪为特征的族群文化认同，使得秉持华夏礼仪成为“西戎”“北狄”“南蛮”“东夷”融入华夏大家庭的重要标志。随着“戎狄蛮夷”对华夏礼仪的认同，其原本的领地也随之纳入了中原，并逐步形成了目前中国的地理形态，元朝和清朝就是最好的例子。同时，包括整个中华民族的形成，本身就是以认同和秉持中国文化而有机组成的民族共同体。作为领土国家的一大特征是先有文化认同，之后才有国家认同。

而西方大部分国家是部落到部落联盟，再到城市（城邦）国家（城市国家是由一个城市加周边农村所组成的），最后形成了以民族为核心的国家。以古希腊为例，长期以来，希腊的许多城邦和一些王国都是各自独立的，整个希腊是多元集合的群体。遇到外来侵略后，才会组成城邦联军。同时，虽然不断以武力进行殖民，但所获的殖民地与母国的关系比较松散，且不受母国的直接统治。城邦通过殖民不断发展成一个一个商业和宗教中心，以此扩张城邦实际上又是一个庞大的商业活动集合体，城邦之间同盟关系的核心是利益。

希腊文化中含有很强的武化概念，每个城邦都尽量地向外殖民，征服一地后基本毁灭性地抹除当地文明，所剩的战俘成为了奴隶。因此，奴隶占到其人口的80%，奴隶即是利益，奴隶越多利益越丰厚。像每四年举办一次的奥林匹克大会，实际上就是城邦青年们的武艺较量。

同时，像希腊所建立的“提洛同盟”，就是雅典以提洛同盟盟主的身份，胁迫参加同盟的其他城邦供给人力物力。这样的场景似乎在现实中依然存在。如某大国控制的北约，简直就是如出一辙！包括某大国建国初期的各州以出让外交权、军事权予联邦政府来换取联邦政府保护而组成的“国家”。也就是说，西方许多国家的形成，实际上是以利益交换为核心而组成的国家。具体来说，要么是以商业利益的合作，要么是以殖民利益的掠夺，而组建的以利益为纽带的国家。也正因为是以利益为结合的，所以往往就会被利益集团所操纵和控制，特别是在政治选举方面。

西方文化的形成，往往是以利益驱动为导向的文化，包括商业文化和武力文化。西方国家的组成，也往往是以利益契约所组成的国家。而中国文化，则是以人文秩序的认同为导向的文化，主要是以礼仪特征的儒家文化。中国国家的组成，则是以中国文化的认同而逐步达到政治认同，最终才实现国家的构成。

由于中西方国家之间人文精神的不同秉持，因此必然产生不同的国家治理模式和国家运转制度。

中国的根本制度是社会主义制度，是以民众为核心，促进社会发展进步为目标的管理制度；中国的根本政治制度是人民代表大会制度，是代表全体人民来履行国家事务管理的制度。全国人民代表大会按照“人民当家作主”的中国式民主内涵，选举产生国家领导人，以此代表人民行使国家管理权力，以维护和发展全国人民的整体利益，促进整个社会的发展进步。其核心是民主集中制，是通过协商，求同存异，劲儿往一处使。

西方发达国家的根本制度是资本主义制度，是以利益为核心，促进资本发展为目标的管理制度。其政治制度是一人一票的民主选举制，所以当选者是代表选民利益来履行国家事务管理的制度。西方国家领导人的产生，要么是通过议会中多数党（或联合执政的党派）推选，要么是通过选举人间接选举方式产生，所以获胜者在任期内的重要职责，是维护和发展选民利益或党派利益，以兑现其选举时的承诺，保证其基本选票的票仓，并为其下次连任打下基础。因此，西方民主制是一人一票加多党制，其核心是平衡与分权。

从这些方面来看，中国的人民代表大会制度，实际上是民本思想的集中体现，也是从“德品”“德才”角度，选举产生代表人民行使国家事务管理权力和维护人民权益的领导集体的人文必然，也是着眼于整个国家、整个民族未来发展总体考量的社会需要，更是中国民主——“人民当家作主”内涵的集中体现。

而“中国共产党领导的多党合作和政治协商制度”与战国时期稷下学宫非常相似。稷下学宫除学术功能以外，更是一个事实上的参政议政、咨政议政机构。其实行“不任职而论国事”“不治而议论”“无官守，无言责”的方针，学术氛围浓厚，思想自由，各个学派并存，其著名的论辩有儒家与法家的王霸之辨、义利之辨、天人之辨等，这些思辨流传千古，是人类政治、文化史上的一座高峰。当时中原大地上的各学派包括道、儒、法、名、兵、农、阴阳、纵横等皆会聚稷下学宫，凡到稷下学宫的文人学者，无论其学术派别、思想观点、政治倾向，以及国别、年龄、资历等如何，都可以自由发表自己的学术见解，从而使稷下学宫成为当时各学派荟萃的中心。很多人认为稷下学宫是中国最早的大学，但从政治形态和运作模式上看，也非常类似当前的政治协商制度。

民族区域自治制度与周朝分封时周人与领地原住民关系非常类似。考古发现出土的周朝青铜器上的铭文上清晰地记载着，分封国的周人诸侯必须尊重当地原有的风俗习惯和法令制度，同时还必须与当地原住民的领袖们建立亲戚关系。这实际上是当时周族群之间所建立起来的长期融合机制，当地族群也就逐步涵化于周文化。后人认为这是周王朝在治理国家过程中族群所遵循的“必须尊重别人，也必须容忍别人”的治理王道；而基层群众自治制度似乎与“皇权不下乡”的乡村社会自治模式有着直接的渊源。

中国政治制度的形成、发展与和合文化有着十分密切的关联，讲究“君子和而不同”，“礼之用，和为贵，兼容并蓄”等，是一种与西方选举式民主截然不同的协商式民主，讲究的不是赢者通吃，而是相互协商、相互妥协，不偏不倚，允执厥中，做到恰到好处。这种选择是历史传承的必然结果，也是现代国家治理制度与中国传统文化的有机结合和创新发展。

（四）切实坚定我们自己的民主制度

柏拉图说：民主是“其次坏”的制度，意思就是只能保证民主不是最坏的制度，无法保证其成为最好的制度。民主的好处是解决了用非暴力的手段完成权力的分配和更替，也可以使社会更趋于稳定，更在理论层面上解决了现代社会权力的合法性问题。但民主制的本质是通过牺牲效率和发展来缓和尖锐的矛盾，所以它不是发展中国家玩得起的政治制度——被强行“民主化”的发展中国家，下场都很惨，没有例外。所以不采用西方的民主模式，并不是说西方的民主形式不好，关键是我们需要建设我们自己的民主模式，也即新型的社会主义民主制度。

在我们的传统文化意识中，政府不像西方那样是社会的对立面，而是大家庭的家长，所有的社会成员都是这个家庭的一分子，“当官不与民做主，不如回家卖红薯”。家长需要协调和平衡各方利益，因此西方的民主是分权后的制衡，而中国的民主是妥协后的集中。中国已经向西方学习了很多，民主概念里的好东西也是我们成功的原因之一，但是我们有自己的推行模式，而且只有加上中国的国情和中国的历史传统，才能更加成功。

中国为什么更适合协商式民主呢？因为中国的人口基数太大了，一个百分比就是1000多万人，相当于欧洲一个中等国家的人口了，单纯地讲少数服从多数，肯定会造成社会的分裂。所以，有事好商量一直是中国文化的沟通基因。邓小平同志在改革开放之初就说，中国要在政治上，创造比资本主义国家更高、更切实的民主。更高，是为了照顾绝大多数人的利益；更切实，则是以实事求是的态度走好民主化的步伐，绝不急功近利，而是稳步推进民主化进程。

从目前来看，中国的制度优势在哪里呢？

第一个优势是战略决策执行力超强。政府是一届接着一届干直至成功，奠定了中国崛起的基础。而西方现在是一届对着一届干，奥巴马的医疗计划换了特朗普做总统就直接废掉了。

第二个优势是人才选拔制度效果超好。为政之要，唯在得人。选举加选拔的制度使中国领导人的工作历练，远远超过任何一个西方领导人，而且中国阶层之间的流通也从来都是畅通的，而不是固化的。“宰相必起于州部，猛将必发于卒伍。”

第三个优势是民主集中的效果斐然。如每一个五年计划的产生，都会进行制度化的上上下下的协商和沟通，几易其稿，因地制宜，最后达成共识。邓小平同志对民主的“内容”和“结果”有过三个精辟的论断，他说：一是看国家的政局是否稳定；二是看能否增进人民的团结和能否改善人民的生活；三是看生产力能否得到持续发展。英国《经济学人》引用了2013年全球民调数据而不得不承认了中国模式的强大竞争力。

第四个优势是以人民为中心的原则超硬。习近平总书记曾评论民主化进程说：“该改的，能改的，我们坚决改；不该改，不能改的，坚决不能改。”什么是不能改的？以人民为中心是绝对不能改的，因为紧紧和人民在一起，是我们克敌制胜的法宝，而改革开放四十多年来，中国绝大多数人都是受益者。

当然，作为一个发展中国家，我们还有很多需要改进的地方：如食品安全、环境污染、高房价、医疗教育等问题依然存在，但如果和几十年前的中国纵向比较，所取得的成就不能说后无来者，但肯定是前无古人的。

世界上没有十全十美的制度模式，我们虽然为自己的制度骄傲，但也无意输出我们的制度模式，也并不准备向全世界推销。我们只是愿意与全世界分享我们的经验！

有利于体现我们自身民主的内涵、反映我们自身的民意、发展我们自身社会的政治制度，才是我们自己真正的制度，也才是我们自己应该坚定秉持的制度，这就是我们应该有的制度自信！

十、传承中国传统文化的基因之四

——中国文化的现实自信

任何一个国家其道路的选择、制度的确定、理论的形成，都是其自身文化传承、发展、演变、凝聚的实践智慧。而这一点，中国应该更加自豪，因为中国文明是全世界唯一没有中断的原生文明。

正如习近平总书记在庆祝中国共产党成立95周年大会上宣示："当今世界，要说哪个政党、哪个国家、哪个民族能够自信的话，那中国共产党、中华人民共和国、中华民族是最有理由自信的。"

如果说道路自信包含了中国发展模式的历史必然性，理论自信包含了中国治国方略与社会治理模式的历史人文性，制度自信包含了中国国体与政体的历史传承性，那么当历史的洪流让中国重新站上了世界舞台的中央，中国共产党领导中华民族更为中国文化注入了先进的思想内涵——中国化的马克思主义，并使之内化为中国文化的新基因，创造了中国道路、中国理论、中国制度等新的文化形态，以此推动中国创造了发展进步的新奇迹。

（一）中国文化自信的底气

习总书记说："坚定文化自信，是事关国运兴衰、事关文化安全、事关民族精神独立性的大问题。"文化是一个国家、一个民族的灵魂。丢掉了传统文化这个灵魂，那国家和民族不管在世界范围还是历史轨迹中都是立不起来的。

从中国文化的时间跨度来分析，主要体现在四个层次：一是博大精深的中国优秀传统文化，反映着中国"传起来的精神"；二是体现中华民族自强不息的红色文化，反映中国"站起来的精神"；三是推动中国繁荣发展的改革开放文化，反映中国"富起来的精神"；四是实现中华民族伟大复兴的新时代文化，反映中国"强起来的精神"。

1. 文化自信的底气来自中国传统文化的特质

五千年中国文化历尽劫波延续不断地走到当今，与中国文化所秉持的核心理念是分不开的。如前所述，中国文化的核心密码可以浓缩体现在“仁礼”“和合”“知行”“文武”“家国”五个词组十个字中。这十个字的本质是人文关怀，它关注的是现世而非来世，是人间而非天堂，它是人的文化，不是神的文化！因为它鼓励人从内心自省来完成自我救赎，而不是靠神的解救。这是中国文化和西方文化最显著的差别。

中国文化是极具生命力和创造性的文化，历经5000余年发展而未中断，全是这种创造力的体现。更为独特的是这种创造力演化为不同寻常的同化力，使得中国的文化的生命力异常坚强。通过历史比对我们可以发现，一般一个民族被外族征服以后，都会被迫学习外族文化，而自身的文化会逐渐没入历史的尘埃。远如古埃及、古印度、古巴比伦、古希腊，近如英国、法国。英国被罗马入侵以后，就开始学习罗马文化；被盎格鲁–撒克逊人征服以后，就开始学习盎格鲁文化，古英语就是继承了他们的语言而来，而现在的英国人面对莎士比亚用古英语写的诗歌，又有多少人能看懂呢？法国也是如此，著名作家都德的《最后一课》，描绘了普鲁士占领法国后，禁止学校教法语，中学教师在改教德语前授最后一堂法语课时，所表现出的悲凉而无奈的情景。

而中国文化呢？在“五胡乱华”的磨难中凤凰涅槃，至唐宋二代一骑绝尘；蒙古入主中原以后，蒙古亲贵曾大力主张流放汉人为奴，将中原农田全部变成草原，放牧养羊，耶律楚材据理力争，最后草原民族与中国文化彻底融合，连元朝的历史都是用汉字书写；清兵入关前，满族人也有自己的文字，也有自己的书籍。但最后除了服饰，其他基本都逐步与汉文化融合了，文化自信的底气就来源于这种深厚的文化力的积淀。

正如习近平总书记所言，中国传统思想文化“体现着中华民族世世代代在生产生活中形成和传承的世界观、人生观、价值观、审美观等，其中最核心的内容已经成为中华民族最基本的文化基因。这些最基本的文化基因，是中华民族和中国人民在修齐治平、尊时守位、知常达变、开物成务、建功立业过程中逐渐形成的有别于其他民族的独特标识”。

2. 文化自信的底气来自能为当代中国的发展提供深厚的文化资源

中国文化的精髓是伦理文化，非常注重家国情怀，“国”与“家”密不可分、同为一体，并且把家的概念、家庭家族的伦理延伸和发展到对国的认同、国家伦理的体现，也培育了深厚的爱国主义基因。讲究的是“修身、齐家、治国、平天下”，“一家仁，一国兴仁；一家让，一国兴让；一人贪戾，一国作乱”，“位卑未敢忘忧国”，等等，直接把个体、家庭家族与国家联系在一起了。这种文化的聚合和提升逐步产生了以民族利益、国家利益至上的家国情怀，才有了“先天下之忧而忧，后天下之乐而乐”爱国忧民的思想情操和公而忘私的人文品德；才有了“苟利国家生死以，岂因祸福避趋之”的大同意识和秉持统一。这种思想也体现在近百年来的红色文化之中，体现在多少个共产党人和革命者的心血之中，无论是重庆渣滓洞昂首阔步戴镣高歌，或者是浴血奋战血染沙场，都是在为国家、民族的理想和信仰而牺牲。这种为国家为民族为人民而不惜牺牲的理想和信念就是用鲜血写成的家国情怀。

改革开放以来的实践证明，我们没有照搬西方的发展模式，没有搞类似“明治维新”那样的脱亚入欧，一样可以迅速发展，一样可以创造举世瞩目的成就，这种现实实践的直接成就和横向纵向的直接比较，无疑是中国文化自信的底气。可以断言，随着全面小康社会的建成和“两个一百年”奋斗目标的实现，中国文化自信的底气会不断提升。

中国文化的精神、性格、智慧和具象性的人文信仰，决定了过去中国历史的发展，也传承了中国未来的走向。中国文化因此而以谦和大度、润物无声的各种形式，表达着自己“以文化之”“成风化俗”的特有风格，并在此基础上不断吸收来自各方面的文化精华，有效转化为自身文化内核，形成了表面上朝代更替的实体中国和实质上内生创新的文化中国。文化中国造就了中国故事、中国性格、中国精神、中国形象、中国价值、中国模式、中国力量。

（二）中国文化曾经改变了什么？

文化力量的体现，关键在于它改变了多少区域、改变了多少人。从华夏族开始，中国社会以礼仪规范的文化方式，改变着周边族群的言行举止，并以巨大的礼仪文化的向心力吸引着各族群向中原的整合发展。无论是自觉自愿地融入中国，还是以入侵的方式进入中国甚至统治中国，其最终无一例外地丰富了中国文化的内涵，并传承和发展着中国文化。

除了中国以外，全世界没有任何政权能够在当时的基础设施条件下，通过文化的力量，统治如此之大的疆域面积、如此众多的民族人口、如此复杂的地理环境，而且完全没有采取殖民化、侵略化的方式，这在世界历史上几乎是绝无仅有的！即便是入主中原的非中原民族，最后都是将自身原有文化特质的族群和土地一并归入了中国文化和中国疆域！

在各大文明古国里，华夏文明的面积和人口是最多的，甚至超过其他古国之和；到了汉朝国土面积达到609万平方公里，人口达到6000余万，占当时世界的三分之一；而唐朝国土面积更是达到了1237万平方公里，人口8050万。受中国文化辐射的东南亚、东北亚，以及遍布世界的唐人街、华人城等，处处彰显着中国文化的影响和印迹。而春节期间全世界共度中华民族佳节的盛况，本身就是中国文化影响力、感染力的重要体现。

随着中国国力的不断提升，中国文化的世界话语权会进一步彰显。无论是过去，还是现在，中国文化是世界上仅仅以文化的方式影响、改变世界人口最多的文化。这就是中国文化的影响力！到目前为止，除了以出世为特征（讲来生）的宗教文化以外，以入世（讲现世）为特征的各国各族文化，只有中国文化能够现实和现世地影响、感染和改变人类社会的发展进程和进步走向。

（三）中国文化为什么能历经劫难却又重新焕发活力？

文化本身是鲜活的，是有生命力的，其发展也会有高潮、低潮。只有在经历过苦难之后，依然保持基本内涵，凤凰涅槃般地散发出新动力的文化，才是真正有内涵有活力有生机的文化。

中国文化具有十分鲜明的农耕特色，随着与游牧社会的交汇交融以及不可避免的战争，原本农耕特色的中国文化历经劫难，包括“五胡乱华”“安史之乱”“崖山海战”“明亡清代”等。每次劫难之时，中国农耕文化都几乎面临灭顶的危机。

但中国文化中坚忍不拔、永不服输的基因隐藏在专制统治之下，许多持“苟欲进取，必以诈伪；苟欲自全，必以卑屈”观念的仁人志士，在默默地守护着中国文化内核的同时，也在吸取着游牧文化精华，充实注入于中国文化的内涵，不断地教化同化着一切接触中国文化的各个族群，他们就是中国文化精神、性格、智慧的充分体现。而且，每一次外来文化的进入或侵入，反而成为中国文化面对挑战不断反省、勇于革新、重焕活力的一次绝佳机会。中国文化是能够洗心革面、重焕活力的文化！

可以说，是威武不能屈的文化精神，使得中国文化固本护基、蓄势待发，这是中国文化坚韧性；是独善其身兼济天下的文化性格，使得中国文化能屈能伸、广纳贤智，这是中国文化的吸纳性；“揆文教，奋武卫”的文化智慧，使得中国文化刚柔相济、进退从容，这是中国文化的张弛性。也因此，中国文化成为了人类历史上唯一没有中断的文化！

时至今日，这些文化精髓始终渗透于中华民族的思想深处，并潜移默化地改变着所有触及中国文化的人。正如法国思想家伏尔泰观看《赵氏孤儿》以后说道：“统治中国的王朝虽然会灭亡，但中国古老的文明却将永远存在。它深深扎根于人民当中，成为他们民族献身的美德。因此，在中国大地上，真正的被征服者，并不是中国人民，而是成吉思汗和鞑靼族。”这就是中国强大的文化生命力！

尽管中华大地上发生了一系列波澜壮阔、生死相争的中国故事，但中国文化的内核始终没有改变。与此同时，还积极吸纳和充实了许多游牧文化的优点，使得中国的疆域面积从原木相对较少的中原，反而随着中国文化的渗透影响而改变，并逐步覆盖到包括农耕、草原、高原、沙漠、海洋等各个不同的地理区块。在整个世界，同时具有全地理特征的国家，只有中国！也正因为此，在世界历史上包括当今，中国始终是世界的地理枢纽、文化枢纽！

中国之所以是中国，并不是靠武力靠殖民，中国始终不是尚武的国家，中国的武力也从来没有强大到为所欲为，无所不能。它完全依靠中国文化所特有的原生力、吸纳力、包容力，以及消化吸收之后的创新力，多力相合相融相聚所迸发出的不断强大的中国文化影响力和感染力，来坚定地推动着中国始终处于世界的中心舞台，从而不愧“中国”这样一个“中央之国”特殊称谓！

（四）中国文化具备怎样的引领世界走向的天然属性?

中国文化一直有着非凡的文化气度和文化责任，特别是“为天地立心，为生民立命，为往圣继绝学，为万世开太平”，这被世人称为“横渠四句”，它充分体现出了中国文化的思想抱负：“为天地立心”反映出中国文化为社会建立人文伦理体系的决心；“为生民立命”反映出为苍生确定正确安身立命的方向；“为往圣继绝学”反映出传承创新优秀人文的秉持；“为万世开太平”反映出大同社会的政治理想。这实际上又成为了中国文化面向人类、面向世界的文化情操和人文信仰！

中国文化从来就不是一己之文化，而是面向世界发展、推进人类进步的负有历史责任感的文化。人类社会的发展，其实是殊途同归的，不管是宗教文化的出世哲学，还是中国文化的入世哲学，根本目标都是希望人类社会朝着更好更完美的方向发展，最终都是达到一个完美世界。

但其中有一个至关重要的差异，就是宗教文化是出世哲学，即离开这个现实世界以后才能实现目标，而中国文化则是入世哲学，即是要在现实世界里实现自己的目标。也正因如此，有也只有中国文化，才能向世界给出人类社会未来现实和现世的具体目标和解决方案。

（五）为什么中国是“人类命运共同体”的首倡者?

“人类命运共同体”这一概念的提出，是积淀了数千年的中国文化的厚积薄发和责任担当，本身就是当今人类世界共生共荣、和谐发展的大一统观念在世界范围的思想引领和方向引领。

相信当今世界，除了出世的宗教文化会有此理念外，在现世社会，有也只有中国文化可能提出这种极具人性特征、极具人文特点、极具人类包容的引领观念。应该说，“人类命运共同体”这一概念，就是中国文化引领当今世界发展理念的重大贡献！

实现人类社会的完美追求，需要从世界发展的现状出发，秉持人类社会共同发展的崇高理念。“以人为本，以和为贵”为主要特征的人文理念，本身是基于对生命体尊重的责任体现，也是处理当今世界各种繁杂事务的基础性出发点；“天人合一，道法自然”为主要理念的和谐生态追求，本身是人与自然相生相处的天然遵从和人类社会可持续发展的导向，也是人类社会发展的生态境界；“大道之行，天下为公”为主要观念的大一统世界观，本身就是人类社会发展的共同方向，也是人类进步发展的最高境界，更是现世社会未来发展崇高的理想和目标。

与此同时，“尚和合，求大同”的社会追求，“情景合一，知行合一”的思维方式，“求同存异，和而不同”的处世态度，“苟日新，日日新，又日新”的创新精神，“吐故纳新，自强不息”的进取意识，“物极必反，否极泰来”的辩证思考，“礼义廉耻，忠孝恭谦”的荣辱责任，“文以载道，以文化之”的教化观念，“有教无类，天下为公”的平等意识，“海纳百川，有容乃大”的包容心态，“天下兴亡，匹夫有责”的担当精神，“修身齐家治国平天下”的价值观念等，足以支撑中国文化引领发展的底气！

或许就是这些中国文化的精髓，才使得被称为当代最伟大的历史学家阿诺德·汤因比会直言不讳地预言“未来最有资格和最有可能为人类社会开创新文明的是中国，中国文明将一统世界”。

只有经历过劫波、承受过苦难的民族，才可能更加珍惜人类未来的发展命运；只有经历过反省、承受过涅槃的文化，才会更珍视人类文明的发展方向。中国文化是对人类世界负责的文化，也是努力为人类社会发挥引领作用的文化。

文化自信，从来都是靠实力来说话的，实力从来都是要被实践验证的。中国文化经历了数千年的社会实践，历经数次劫波，到目前依然活力满满，并将真正负责任地引领整个世界的发展。这些足以让全体中华民族获得真正的文化自信！

十一、传承中国传统文化的基因之五

——“中国梦”的传承创新

2012年11月29日，习近平总书记把“中国梦”定义为“实现中华民族伟大复兴，是中华民族近代以来最伟大梦想，‘两个百年’目标，具体表现在国家富强、民族振兴、人民幸福”。党的十九大报告提出“实现伟大梦想，必须进行伟大斗争；必须建设伟大工程；必须推进伟大事业”。从总体而言，“中国梦”具有文化的传承性、鲜明的集体性、核心的引领性、客观的现实性，是中华民族集体意识的智慧结晶，也是提振中华民族自信的宣言书，更是中国共产党带领全国各族人民实现中华民族伟大复兴的行动号角。

其实，“中国梦”并不是一个新词。20世纪30年代，《东方杂志》用征文的形式，邀请以上海、北平知识界为主的全国各地140多位学者以《梦想的中国》为题共同做了一场“中国梦”。许多当时的文化界大咖都怀着复杂的心情投了稿。清华大学教授林语堂说，我的梦想只希望国中有小小一片的不打仗、无苛税、换门牌不要钱、人民不用跑入租界而可以安居乐业的干净土。北京大学教授罗文干说，政府能统一全国，免人说我无组织，内政的勇毅专用对外。武官不怕死，文官不贪钱，妇女理家崇尚勤俭，不学摩登。青年勤俭刻苦、不穿洋服、振兴国货。上海大学者施蛰存则梦想中国人走到外国去不被轻视，外国人走到中国来，让我们敢骂一声“洋鬼子”。你知道，先生，现在是不敢骂的。暨南大学教授周谷城说，我梦想中的未来中国首要之件便是，人人能有机会坐在抽水马桶上大便。

这140多人当然不能代表当时所有中国人，但是这些当时社会精英的“中国梦”，应该是当时国人心中最高的向往了吧。从现在的中国人的生活状况来看，这样的“中国梦”让我们唏嘘不已。当年的社会精英现在健在的已经寥寥无几了，但如果让他们重来一次，这肯定不是一次庄周梦蝶般的体验。

有人认为，“中国梦”是相对于“美国梦”提出的。其实“中国梦”与“美国梦”尽管只有国别差异，但其含义相差甚大。“美国梦”强调的是通过个人奋斗来取得成功，很多好莱坞电影都以此题材获奖，而中国梦则强调通过国家的富强、民族的复兴来实现人民的安居乐业。因此，“中国梦”有着更为深厚的历史传承和文化底蕴。

（一）“中国梦”之传承性

现代“中国梦”的提出绝不是突如其来的，更不是相对于“美国梦”提出的。“美国梦”的概念源自200多年前的《独立宣言》，其宣称每个人都有同样的生存、自由和追求幸福的权利。强调不管出身、不论阶级，每个人具有同等靠自己的能力获得成功的机会。之后，许多历史学家和政治家对“美国梦”进行了坚持不懈的阐释和宣传。

但若论“梦”的渊源，世界上最早的“梦”其实源自华夏大地。“中国梦”远可追溯黄帝的万年之梦、孔子的千年之梦，也可近追孙中山中国现代化的百年之梦。黄帝的万年之梦是有后世历史文字记载的最早的“梦”。那是一个衣食无忧、生死无虞的国度，一个神话般的理想社会，“其国无师长……其民无嗜欲……无夭殇……无爱憎……无利害……入水不濡，入火不热”；孔子的千年之梦是他的社会理想——建立大同世界，“大道之行也，天下为公，选贤与能，讲信修睦。故人不独亲其亲，不独子其子，使老有所终，壮有所用，幼有所长”；孙中山的百年之梦则是以《建国方略》一书为主要内容，描述了历尽磨难的中华文明在百年以后的强国之梦。

中国历史上几乎各个朝代都有特定时代背景的“中国梦”，而且也都是各个特定历史阶段下中华民族对美好生活的强烈愿景。“中国梦”这三个字最早出自南宋诗人郑思肖的《德祐二年岁旦二首》：“力不胜于胆，逢人空泪垂。一心中国梦，万古下泉诗。日近望犹见，天高问岂知。朝朝向南拜，愿睹汉旌旗。”诗人表达了强烈的希望收复中原的爱国之梦。而在此之前就有了西汉时期董仲舒的“大一统”之梦，唐代的“华夷归一”之梦……

“中国梦”深刻而纵深的历史感，鲜明而强烈的历史背景，反映的是当时广大民众的共同愿望和共同目标，也是各个历史时期提振整个中华民族坚定文化信念的时代精髓。

习近平总书记提出的中华民族伟大复兴的“中国梦”，既是中国人文传承的自然接续，具有十分鲜明的中国传统文化特色，也是着眼整个世界发展的总体格局，紧扣时代脉搏，恰如其时地吹响的凝聚中华民族众志成城信念的行动号角，为整个中华民族确定了未来的发展定位，并有效地形成了中国——这一农耕社会特征十分突出的全体中华民族巨大的向心力。

在积淀了数百年、数十代伟大复兴之愿景的关键时刻，整个中华民族十分期待，也迫切需要中华民族先锋队登高望远、仰天呐喊、振臂高呼，统领整个中华民族迈出伟大的步伐、迈向伟大的征程、迈入伟大的时代！这是中华复兴的号角，这是民族振兴的脚步，更是引领中华民族未来力挽狂澜、不懈前进、永续辉煌的伟大象征！

（二）“中国梦”之集体性

与“美国梦”以个人奋斗完成目标追求形成鲜明对比的是，“中国梦”虽然也强调“中国梦，我的梦”，但它更多的是整个中华民族共同奋斗的集体意识和共同目标。56个民族所组成的中华民族，生于兹养于兹，自古以来患难与共，休戚相关，对这块热土具有共同的深厚感情，其主旨是国家富强、民族振兴、人民富裕。也只有国家民族的强盛，才能带来人民的安居乐业。

集体意识是中国传统文化的根本性特征之一。农耕社会作为中国文化和中华民族的底色，文化的形成本身有着很强的地理特征。农耕社会源于植物生存规则，以亲缘关系为轴线，体现和合文化，形成共存共赢意识，危机时候抱团取暖。而源于游牧社会环境的西方文化，产生“物竞天择，适者生存”的动物生存法则，形成“零和”游戏的思维模式，以及契约式的松散合作模式，两者之间有着本质性的差异。

中国历史上体现集体主义光芒的最早记载，应属于大禹治水的传说。在有限的技术条件和落后的通信环境下，禹能够集中数万人对江河进行有组织、有规划、有步骤的全面治理，这种与自然抗争的壮观场面真可谓是人类历史上的奇迹。在中华大地上有一大批与大禹同时代乃至以后各时代的人物，他们在各类江河的上下游相互合作、共同努力，为着中华大地上所有族群的生存、发展而不懈地追逐着奋斗着，为所有族群子孙后代的不断延续形成了长期性集体合作的概念，也铸就了中华民族艰苦奋斗、永不服输的抗争精神。

哈佛教授大卫·查普曼就曾经说过：面对末日洪水，我们躲在诺亚方舟里，而中国人的祖先是战胜了洪水。治理洪水就是一个浩大的工程，这本身就是集体努力的结晶，也是集体智慧的体现。而之后涉及上下游之间水源的分配、使用、管理等，又成为部落联盟之间集体利益的共同问题。

长期的集体目标、集体合作、集体意识、集体智慧、集体担当、集体付出、集体共享，拉近了整个中华大地上部落联盟之间的距离，最终以集体主义概念为核心的夏王朝在中华大地上诞生，并由此不断延伸发展出商、周、秦、汉、唐、宋、元、明、清……无论朝代更替的实体中国如何变化，一脉相传的文化中国始终指引着整个民族的走向，亿兆子民所秉持中国文化的人文信仰始终坚定不移，集体主义高于一切的坚韧意志，已经深深植根于整个中华民族的血脉之中。

“中国梦”的集体性，还突出表现在整个中华民族的共同努力和集体付出。“中国梦”必须依靠全民族的群策群力，必须依靠每个人的聪明才智、脚踏实地和共同奋进，需要整个中华民族集体意识、集体力量、集体智慧，才能真正得以完成、得以实现、得以成就。

同时，实现“中国梦”只能也只有依靠中国人自己。中国的发展目标是世界合作共赢，共享人类发展的成果，但由于价值观各不相同，中国的努力尚不能取得世界广泛的认同与接受。甚至有很多人并不希望看到一个伟大而强盛的中国屹立于世界之林！各种中国威胁论、中国衰败论不断地出现或变着花样地提出。因此，寄希望于任何外部国家或有关组织来实现“中国梦”都是痴人说梦、痴心妄想。实现“中国梦”只有依靠团结而统一的中国人的自力更生！

作为人类文明历史上唯一没有中断的原生文明，集体主义自然是中国文化的重要底色。“中国梦”作为传承中华民族美好愿望的一种体现方式，凝聚着整个中华民族共同的集体意愿和美好憧憬，并成为整个中华民族有别于其他国家突出的重要标志。

（三）“中国梦”之引领性

“中国梦”需要具有核心价值的人文信念的引领。一个国家一个民族，任何时候都应该也必须有一个旗帜鲜明的行动宣言和信念口号，响亮地回荡在每个人的内心，并成为指引国家兴旺的旗帜、民族进步的灯塔、人民向上的追求，以此唤起整个国家整个民族的集体信仰和集体意识，树起引领广大民众凝心聚力、众志成城实现自身信念的航标，激发和调动全民族为之奋斗的主观能动力和向心力，并形成团结一心、行动一致的奋进合力。

中国社会历来坚持自身的核心人文信仰，这种信仰与西方社会的宗教信仰有着天壤之别，历史上中国主流社会从来没有被宗教信仰所主导，是非常典型的以入世哲学为突出特征的人文社会。也就是说，中国的未来始终掌握在现世社会的中国人手中，而不是哪个“神”手中。只有以“中国梦”为秉持的核心人文信念，才能真正引领中国社会走向光明的未来。任何一个没有追求、没有信念的国家和民族是没有希望的也是没有未来的，也终将被整体时代所抛弃。

任何社会、任何时候，都需要正确的价值导向，现实社会的价值导向本身就是一个国家一个民族整体文化内涵的结晶。价值导向的根本性作用，在于使用先进的文化理念、现实的文化手段、适众的文化方式，引导和推动整个社会朝着正确的价值方向转变。这个思想理念的转变过程，实际上就是中国文化不断充实完善丰富的过程，也是中国文化充分体现内在价值的过程，更是中国文化推动历史发展进程的重要责任。

具有历史文化传承的“中国梦”，是中华民族共同创造、传承、发展的中国优秀传统文化，体现现实社会时代特征的重要内容。我们要以“中国梦”的实现为目标，主动认识中国文化的内涵，全面提升文化自信，重塑中国人文秩序，使“中国梦”的实现成为中国文化全面进步发展的民族追求。

实现伟大的梦想、建设伟大的工程、推进伟大的事业必须积淀民意、唤起民心、凝聚民望。民众的思想需要引领、民众的意识需要唤醒、民众的行动需要指引，否则会偏离整个人类历史进步的发展方向。只有有旗帜，才会有目标；只有有目标，才会有方向；只有有方向，才会有动力。

中国共产党作为当代先进文化的代表，责无旁贷、义无反顾、历史性地提出了引领中华民族伟大复兴的“中国梦”，也就注定了中国共产党是引领中华民族实现“中国梦”这一伟大目标的核心力量，它肩负起了社会主义核心价值观“以文化之”“教之以化”的历史责任。这一历史责任的担当，对于引导社会思想发展走向，规整各种社会思潮，营造“百花齐放、百家争鸣”的社会氛围，有着无可替代的作用。

而在这一点上，尤其需要我们用文化的语言、历史的传承、事例的引导，彻彻底底向人民讲清楚、说明白核心价值的真正内涵和实质内容，逐步使核心价值的践行成为广大民众的自觉行为。

（四）“中国梦”之现实性

实现“中国梦”是中华民族每一个成员的集体理想信念。“中国梦”是中华民族的追求，非常具有现实意义，且与每一位成员密切相关。“中国梦”的现实性是什么？它不是形而上的主义，不是虚无缥缈的空想，更不是刻板呆滞的教条。千言万语就化为一句话：我是中国人，我骄傲。

中国不同于其他国家，是一个家国情怀、乡土情怀、故乡情怀非常深厚的国度。特别是中国人的姓氏，是每个家与国之间与生俱来的深厚关系。中国的姓氏，除了最古老的三皇五帝的八大姓氏和祝融八姓以外，绝大多数是周朝分封制时所封赐的诸侯国名，当某个诸侯国被他国消灭之后，该国的子民以国为姓，才有“国破而姓出”之说。同时，在分封制时，天子先封诸侯国，诸侯再封大夫，大夫之封地称为“家”。

也就是说，中国是先有国后有家、先有国后有姓的。中国的家及其成员是与整个国家联系在一起的，以至于中国人的姓氏始终是放在名字的前面，国家利益始终高于一切、集体利益始终高于一切。这一突出的特征与西方国家契约式的城邦制、联邦制所组成的国家有着本质的区别。所以只有在中国，才会有“国家兴亡，匹夫有责”，“苟利国家生死以，岂因祸福避趋之”，“一身报国有万死，双鬓向人无再青”，“一寸丹心图报国，两行清泪为思亲”等一大批脍炙人口、流传万方的壮烈诗句。就连古代每个家庭、家族的宗祠，也是将为维护国家利益、为民族做出贡献的先辈英烈灵牌，摆在祠堂最为显赫的位置，供后代敬仰。

现实的中国已经经历了站起来、富起来，目前正处在强起来的关键时刻。历史的中国，历经数次几近亡族亡天下的重大劫波，依然能够挺立在世界舞台上，这充分说明了中国文化的向心力和中华民族的集体智慧。

实现“中国梦”是中国未来社会发展的大势。“乘风而上，顺势而为，为者常成。”每个中国人都可以，也应该在实现“中国梦”这个大背景下，根据自身的职业性质、事业定位，明确个体未来的努力方向，并主动进行有的放矢的知识的储备、能力的培养，使得个体价值实现的小目标，与实现“中国梦”的大目标，主动进行有机衔接，做到“君子顺势而为，谋时而动”，使得“天行健，君子以自强不息”这一古老的立志格言真正成为现实的行动。

任何时候、任何地方，都请不要问祖国、民族为你做了什么，而应多想想你为自己的祖国、自己的民族曾经做过了什么？你为实现中华民族伟大复兴的“中国梦”能做什么、正在做什么？除非你不是中华民族的一员！

十二、传承中国传统文化的基因之六

——文化战略创新选择

一个国家、一个民族的兴盛总是以文化兴盛作为精神支撑。改革开放以来，我们的政治战略、经济战略、外交战略、军事战略都取得了成功，中国成功站到了世界的前列，也迎来了中华民族复兴的最好时机。但民族的复兴离不开文化的复兴，只有文化也能像经济一样站到世界前列，我们的民族复兴伟业才是真正全面的成功。

（一）克服文化复兴中自信心不足的问题

第一次世界大战期间，梁启超在欧洲目睹了这场西方列强之间的战争给人类带来的灾难，他开始意识到，西方的文化和制度并没有想象中那样的完美无瑕，中国不能再盲目照搬西方的文化与制度，因而转向鼓励倡导中国文化，认为中国文化是与西方文化并行不悖的两大文化体系，彼此应该互相尊重，互相学习。他在《论中国学术思想变迁之大势》中说，中华为五大洲之最大国，人口居全球三分之一，四千余年历史未尝中断，有四百兆公用的语言文字，有三十世纪前传来的古书，凡此均为“世界莫能及”；又是“世界文明之祖国”中唯一“屹然独立，继继绳绳，增长光大，以迄今日”的国家，几千年来，中华文明一直领先于西方文明，“惟近世史时代，则相形之下，吾汗颜矣”。他断定中国必定能“恢复乃祖乃宗所处最高尚最荣誉之地位，而更执牛耳于全世界之学术思想界者”。遗憾的是，梁启超的见解没有成为主流，思想界仍然热衷于文化自戕。

时至今日，即使是在西方学术界，“西方文化中心论”也已经退潮，代之而起的是“多元文化论”，如塞缪尔·亨廷顿的《文明的冲突》一书即是“多元文化论”的代表性著作。然而在国内，看轻中国传统文化，全方位追慕西方文化者依然为数不少。

树立文化自信，首先要认同中华文明的世界地位，相信我们的历史，学会欣赏我们的语言文字，认同自己是炎黄子孙，认同中华文明对世界文明的重大贡献。当然，我们也必须尊重世界文明的多样性和独特性；其次我们更应认同一个统一的国家与和谐的社会是文明繁荣昌盛的坚实基础，也是民族复兴的强大后盾。在这一点上，我们要依靠群众、依靠人民，通过软实力的建设，唤起民众的文化自信心。最后的也是最重要的一点是我们一定要解放思想，抓住机遇，突破瓶颈，完成中华文明伟大复兴伟业，重新回到人类文明前列。

（二）加快中国传统文化的当代化进程

1. 世界文明的中国化进程

文明的融合重构在中国历史上无数次发生。从中国文明史看，中华文明每一次进步都是在外来文明挑战中吸纳并充分将之中国化的。中华文明在几千年的历史进程中就是这样通过柔性力量不断充实自己的内涵，这个至今没有中断过。在漫长的时间段中，中华文明从一开始就容纳了从黄河流域、长江流域、珠江流域一直到西北的沙漠、东北的草原与森林等地各文明体。

中华文明对异质文明，对和自己文明不一样的东西，从来没有排斥。如果排斥，就不会有今天的中国。而且和其他文化不同的是，中国一定会对外来文化进行创造性的改造，如印度佛教东来东土后产生了魏晋玄学、宋明理学，甚至还演化出中国特色的佛教教派——禅宗。而近代的马克思主义传入中国之后，我们又将之中国化，成为指导中国特色社会主义的基础理论。

因此，世界文明的充分中国化，就是我们现阶段消化、汲取域外文明的基础。只有这样做，我们才可以看到人类文明的整体，也才可以知道中华文明在世界文明长河中的定位。这可能就是我们中华文明发展的一个基本方向，即拥抱现代文明，融入整个世界。尤其是西方的工业文明进入中国以后，中国就必须从传统的农业文明中走出来，通过文明转型与世界保持一致。

2. 中国文明的世界化进程

进入后工业时代以来，世界同样需要中国文化对西方文化加以补充、制衡和纠正，这是中国文明世界化的主要动力。中华民族的伟大复兴将中国文化的优秀基因融入世界，这将是中国对人类文明进程的重大贡献。因此，我们要多宣传中华民族对人类文明的贡献，宣传中国的价值观、社会观和世界观，全面展现“国家软实力”。

现在西方对中国的宣传有不少是负面的、消极的，比如西方的媒体一直报道中国人什么都吃，甚至连宠物狗、宠物猫都不放过；中国百姓是多么不开心、多么受到压迫，而政府官员都是腐败分子，他们唯一的兴趣就是权力；等等。这些可能是在文化理解上的差别，但更多的是故意歪曲和误解。因此，最为有效的做法，应该是通过重点研究和发展他们喜欢的中国文化种类来重点宣传，比如我们可以借后羿射日、夸父逐日来描绘我们永不服输的民族精神；借愚公移山、君子自强不息来树立我们艰苦奋斗的民族形象；用天下大同、大道并行不悖来讲述我们求同存异共谋发展的世界观；用天人合一、阴阳化生来讲述我们与自然和谐共存的宇宙观；甚至可以用我们的诗歌、绘画、饮食、器物、建筑、戏剧等多姿多彩的文化实体向全世界展示我们拥有的文化资源。

我们还可以通过“一带一路”来展示超越西方零和博弈，推崇平衡与和谐的东方价值观，告诉他们这个世界并不仅仅是输家和赢家、天堂和地狱、正义和邪恶的二元对立，还有一种建设性的和平共存的文化环境。告诉他们这个世界除了霸道以外，还有王道。中国传统文化经过现代化的转型后应该有信心为世界文明的发展贡献中国方案和中国智慧。

（三）确立富有竞争力的道德价值观

民主、自由、平等、博爱等西方价值观之所以会深入人心，是因为这些价值观是广大人民的共同需求。而我们一直大力倡导的“先天下之忧而忧，后天下之乐而乐”，“天下为公”，“天下兴亡，匹夫有责”，“舍生取义”，“杀身成仁”等为国家、为民族勇于牺牲的精神是中国传统文化中富有超越性和神圣性的最高价值观，这种国家、民族的使命感、荣誉感更多地适合社会精英层面，而不是大多数民众所关心的基础价值观。因此，建立富有竞争力的普世价值应该从民众真正的需求出发，才能深入人心，迅速传播。

由于缺乏与时俱进的改革与创新，西方的这些价值观已经渐露疲态，已经远远不能称之为“普世价值”。正如亨廷顿在《文明的冲突》一书中曾明确指出：西方文明的价值在于其是独特的，而不是普世的。不能成为普世价值的原因是这些词语听上去很美好，也在许多西方国家取得了巨大的成功，但随着社会的发展，其弱势也越来越明显。

首先，西方民主虽然有很多好处，但西方民主还无法走出“多数人的暴政”这个致命缺陷，尤其是民主与正义并不能画上等号。其次，自由的内涵不清晰，在执行中时有双标之嫌。因为没有人可以拥有不受任何限制的“自由”，个人过度的自由就会妨碍他人的自由，而且自由与法治的地位孰高孰低，西方社会有时也会体现双重标准。再次，平等的概念也有缺陷，无差别的平等根本无法实现，《独立宣言》宣称“人人生而平等”，看似振聋发聩，其实只能用“上帝面前人人平等”来做备注，而无法做到全社会意义的平等。唯一还可以完整阐述的是“博爱”，超越种族、超越自然的博爱精神和中国传统文化有概念重叠。民国外交家张彭春在参与起草《世界人权宣言》时，将孔子“仁者爱人”等中国文明的理念放进了宣言之中。他将“仁”译成“conscience”（良心），进而表述为“人人生而自由，在尊严和权利上一律平等。他们富有理性和良心，并应以兄弟关系的精神相对待”。这个非常中国化的表达获得了一致认可，因为在这一点上，中西文化是相通的。

我们要宣传中国价值观的目的，不是否定和替代西方的价值观。习近平总书记说过：“中国人看待世界、看待社会、看待人生有自己独特的价值体系。”因此，我们可以将中国传统文化中具有现代意义的“和谐”“发展”“幸福”等价值概念作为中国文化的普世价值来推广与宣传，这些词汇可以与民主、自由、平等、博爱互相联系、互相交叉、互相弥补，比如所有人都可以通过民主和自由的进程来追求幸福，可以通过发展来实现人与人之间的平等与和谐，这些概念将大大拓展整体价值观的内涵和外延，也可以说是中华民族向人类提供的一种不同于西方文化的价值观念。

（四）构建中国对外话语体系

从历史轨迹来看，中国文明源远流长，在农业时代长期在世界各个领域处于领先地位，甚至向全世界输出文明，书写了浓墨重彩的篇章。但近代以降，一直踏步不前、自我循环的中国，被进入工业文明后飞速发展的西方列强粗暴踢开了国门以后，陷入了半殖民地半封建的泥潭，国际地位一落千丈。长期以来，在西方列强的颐指气使中，中国只能被动地在言语上听从、在行动上屈从。120年前八国联军攻入北京，我们被迫签订《辛丑条约》，赔偿13个列强四亿五千万两白银，也就是每个中国人赔一两白银。面对这等屈辱，中国无力反抗而只能默默接受。

可以说，新中国的成立和改革开放的持续推进，使中国人民相继摘掉了“落后挨打”和“贫穷挨饿”的可耻标签。尤其是中华人民共和国成立70年的发展和努力，中国已经成为世界第二大经济体，在解读中国实践、构建中国理论、传播中国文化上，其实我们应该最有发言权。然而，与经济优势相比，我们的文化优势还无法与之匹配。由于历史的惯性，西方凭借工业文明和科技等方面的优势，仍然掌握着国际社会的话语权，中国的形象长期被歪曲而无力扭转，至今还处于只能在“朋友圈”里自娱自乐的局面，一有风波往往还要背锅、“失语挨骂”。尤其是近期以来，美国以咄咄逼人的态势发起对华贸易战，与此同时还抛出各种“中国威胁论”“文明冲突论”“价值观同盟论”等不和谐论调，并运用媒体优势歪曲中国形象。

如果说之前是因为中国一直处于“韬光养晦，有所作为”的过程，现在已经不一样了。因此，精心制定文化战略、构建对外话语体系应该是今后急需发展的一项课题。

为此，我们第一要务当然还是要继续坚定不移地扩大对外开放，切实增强国家硬实力，不为打压所动、不为噪声所扰、不为表象所惑、不为恐吓所惧，保持良好发展势头，不断增强中国发展优势，不断用成功的案例来让各种杂音闭嘴。西方文化在骨子里还是尊重强者的，只有拥有了头狼的实力，才能让群狼臣服。

第二，我们还要不断总结提炼中国传统文化中的是是非非，去芜存菁，创新文化理论基础。在过去的一百多年时间里，我们似乎并未完全厘清传承与创新的关系，存在找传统文化中的劣根性不遗余力，而对中国文化中的具有普适性的文化价值却研究不够的问题，尤其还缺少像西方宗教改革那样的革命性哲学转化，哲学、社会科学工作者一定要担负起历史责任，坚持以马克思主义为根本，从民族复兴的高度进行理论创新，产出越来越多的标志性成果，以量变促质变，努力打造易于为国际社会所理解和接受的新概念、新范畴、新表述，更加响亮地发出中国声音、更加系统地展现中国思想、更加鲜明地提出中国主张，使我国的文化战略以新的姿态展开。

第三，要通过新文化建设为实现“中国梦”打下基础。当年周公制礼作乐，为周朝八百多年的基业打下扎实根基；董仲舒以“罢黜百家，独尊儒术”为汉武帝立论，奠定中华民族此后两千多年的帝制框架。因此，如今应该积极推进新文化建设，彻底完成文明转型，引领世界科技文明的潮流。中华文明最大的特点就是融合重构，它能把不同的文化汇聚为一体，在这一点上抓住时机再次做出革命性的文化奠基，为实现“中国梦”扫平障碍、稳固基础。这当中既包括理论创新、战略布局、价值观确立、道德基础、礼制格局、文化传播等大问题，也包括文化产品审查或备案制度、各种庆典仪式、公民仪轨、民族服装等细节问题。中华文明的彻底转型还在于向世界提供了一种世界秩序模式，它不像西方那样以价值观输出为主要目的的文化交流，而是文明与文明之间、民族与民族之间相互契合、调和古今、和谐共生的人类命运共同体。

第四，要充分利用先进文化载体，构筑对外传播新格局。由于文化背景各异，思维方式各异，在与西方打交道的时候经常存在沟通上的障碍。如果你问一个西方人什么是民主，他往往不假思索就说多党制加一人一票。但如果西方人问我们什么是民主，我们用“党的领导，人民当家作主，政治协商、基层自治、依法治国”来给他解释，西方人一定会云里雾里。面对这样的鸡同鸭讲，我们必须用双方都能听得懂的语言来讨论。当然，构建话语体系，首先要摆脱西方的话语体系，不能用一句简单的“与国际接轨”而全盘采用西方的逻辑方式和语言标准来解释我们的文化。

要充分利用科技成果和先进文化载体，打造具有国际影响力的外宣旗舰媒体形式，以先进的对外传播方法，专业的对外传播队伍，把经得起考验的中国文化中的精髓部分展现给全世界。当然，在传播的过程中，我们一定要学会从对方的角度考虑问题，用对方听得懂的话来讲述我们的故事。

最近有一个名字特别火：李子柒。她是一个网红，不但是中国的网红，也是全世界的网红，YouTube粉丝有735万。每一个视频的播放量都在500万次以上。她的视频里没有一个字夸中国好，但她就是讲好了中国文化，讲好了中国故事。

十三、传承中国传统文化基因之七

——当今中国的文化秉持

德国古典哲学家黑格尔在《历史哲学》中认为，一切历史现象都是所谓“世界精神”的展现。而在不同的历史阶段，世界精神通过不同民族展现出不同的民族精神。他是第一个把民族精神进行概念化的学者，但他武断地认为，东方文明（包括中国、印度、波斯、埃及等文明）是人类历史的童年，是最低等级的文明。希腊是人类历史的青年时代，罗马是壮年时代，而日耳曼民族将实现世界精神的终极目标，成为历史的最高阶段。

黑格尔先生虽然从未到访过中国，但他断言：“凡属于‘精神’的一切，一概都离他们（中国人）很远。”笔者认为，如果黑格尔能够看到今天的世界格局，能够走访一下今天的中国，相信他会主动修改他的上述言论。历史只会定格在历史的那一个瞬间，而中国文化的魅力往往会在历史并不经意的时候，焕发出其坚定的文化秉持。

最先反对黑格尔的应数清末怪杰辜鸿铭先生，这位老先生学贯中西，精通9种语言，获得了13个博士学位。他在用英文写就的《中国人的精神》一书中把中国人的精神归结为深沉、博大、淳朴、灵敏八个字，并把中国精神定义为“永葆青春”的精神，“民族不朽”的精神，可谓怼得是不露声色。除了辜老夫子，还有人总结说中国精神是温文尔雅、忠孝仁义，也有人说是自强不

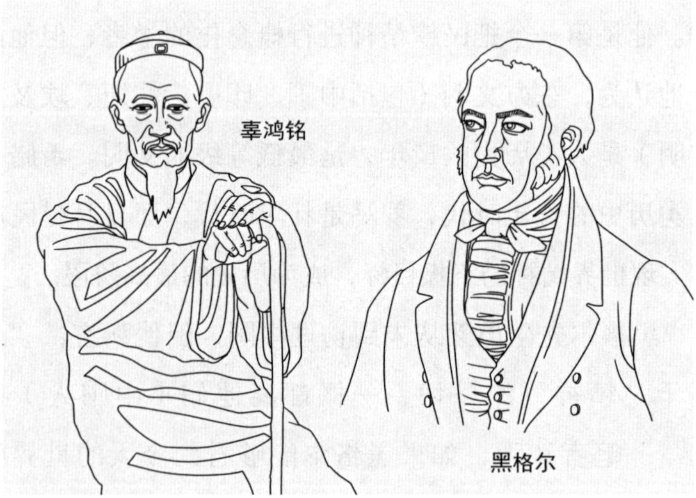

辜鸿铭与黑格尔

息、勤劳勇敢，甚至还有人说行侠仗义、厚德载物。

他们说得都有道理，但这些词语只能说是中国人的民族性格、民族特征，如果要归纳为“精神”，总觉得还是缺少了一股坚硬的力量。泱泱中华民族，纵横千万里，上下五千年，当其他文明古国因外族入侵而导致文化断层甚至毁灭时，中华文明却能在神州大地上长久存续下去。它究竟是靠什么力量才能在世界民族之林中屹立不倒？当然靠的就是由千千万万中国人凝聚中国文化精髓而形成的“中国精神”！

（一）传统中国精神在哪里?

“横看成岭侧成峰，远近高低各不同。不识庐山真面目，只缘身在此山中。”那究竟什么是中国精神呢？

美国哈佛大学神学院教授大卫·查普曼，在一场讲座中，向台下近千名学生说：“我们的神话里，火是上帝赐予的；希腊神话里，火是普罗米修斯偷来的；而在中国的神话里，火是他们钻木取火坚韧不拔摩擦出来的！这就是区别，他们用这样的故事告诫后代，与自然做斗争！

“面对末日洪水，我们在诺亚方舟里躲避，但中国人的神话里，他们的祖先战胜了洪水，看吧，仍然是斗争，与灾难做斗争……如果你们去读一下中国神话，你们就会发现只有两个字：抗争！假如有一座山挡在你的门前，你是选择搬家还是挖隧道？显而易见，搬家是最好的选择。然而在中国的故事里，他们却把山搬开了。

“每个国家都有太阳神的传说，在部落时代，太阳神有着绝对的权威，只有中国人的神话里敢于挑战太阳神的权威：有一个人因为太阳太热，就去追太阳，想要把太阳摘下来。当然，最后他累死了。但是人们把他当作英雄来传颂，因为他敢于和看起来难以战胜的力量做斗争。

“在另一个神话故事里，他们终于把太阳射下来了，中国人的祖先用这样的故事告诉后代：可以输，但不能屈服。中国人听着这样的神话故事长大，勇于抗争的精神已经成为遗传基因，他们自己意识不到，但会像祖先一样坚强。因此，你们现在再想到中国人倔强的不服输精神，就容易理解多了，这是他们屹立至今的原因。”

不得不说，这位教授对中国文化的解读很到位，我们从小听到大的一些故事，其实不只是一个故事那么简单，中华民族不屈抗争的意识、不服输的钢铁意志演化成的爱国主义精神、自强不息精神就是中国文化得以长久存续的重要法宝。

而这个法宝，除了在故事里流传，还在我们的血脉里流传。我们可以逆来顺受，可以委曲求全，但总有一些东西是不容亵渎的，当面临生与死的最危难的时刻我们会爆发出惊人的反击力量，我们完全可以把这种力量称为“中国精神”。

这种精神是“我自横刀向天笑，去留肝胆两昆仑”的舍生取义，是“生当作人杰，死亦为鬼雄”的铮铮血性，是“人生自古谁无死，留取丹心照汗青”的宁死不屈。这种精神是爱国、是牺牲、是改革、是奋斗，是失败后的自省，是屈辱中的隐忍，是觉醒后的爆发，是打不死的小强，是“我命由我不由天”的呐喊。而这，就是支撑我们这个伟大而多难的民族繁衍至今的精神力量！

历史和文化塑造了我们民族的集体记忆，并在精神层面成为了现在的我们前行的动力，而我们同样也在不断前行中创造着新的历史。

（二）当代中国精神在哪里？

从1840年的鸦片战争到改革开放的前夕，这100多年的历程，见证了一个古老文明的觉醒和一个年轻的现代化国家的诞生，这100多年的历程，述说了我们为什么选择了今天的道路，我们依靠什么样的精神重新站了起来，建立了一个现代化的国家。就像我们的国歌开首唱的那样："起来，不愿做奴隶的人们，把我们的血肉筑成我们新的长城。"中国人民前仆后继，敢于胜利、勇于胜利，用热血和生命谱写了中华民族涅槃重生的壮丽篇章，这是我们应该珍惜的历史进程，因为它流淌着我们的精神血脉，也因为它奠定了我们民族崛起的坚实基础。

改革开放以来，我们没有止步，继续投入国家建设，继承了前辈仁人志士对祖国和人民的无限忠诚，对理想信念的执着追求，对实现中华民族伟大复兴的坚定信心，用赤诚的爱国心和坚贞的爱国情建设我们伟大的祖国，摸索出了一条走上民族复兴的新路。

但是由于种种原因，在财富快速增长的时代，我们当中的有些人价值观却有点失去了方向。对内，历史虚无主义让他们怀疑自己的历史由来，甚至奠定当代基础的伟大的中国革命和抛头颅洒热血的牺牲精神也被玩世不恭的娱乐精神所亵渎；对外，他们无法说清中国是什么，要干什么，中国的发展会为全人类的发展做什么样的榜样，带来什么样的贡献。

从2007年开始，由欧洲某著名汽车集团赞助的“国家精神造就荣誉奖”连续颁给诸多明星网红，其中居然没有一个科学家，也没有一位“感动中国人物”里那些伟大而平凡的人，这是多么可怕的事情啊。2018年，一组由众多国内知名媒体联合举办的“改革开放40周年人物评选”的榜单，也在社会上引起了巨大的争议。

因为这张榜单，把影响了一个国家、一个时代的灵魂级科研专家、文学大师和一群演员、歌星、网红同框竞选，甚至这些科研专家的选票只有明星们的一个零头！虽然明星也有其社会价值，但与大师们相比，是萤萤之火与日月宏光的对比，这种“娱乐至死”的价值理念无疑是对我们历史和民族的亵渎！当整个民族都在为某些明星神魂颠倒，却无人为英雄加冕，那是何等的心痛，何等的悲哀！这样的乱象该终结了！

新时代的中国精神必须来自传统文化中的真善美，来自悠久历史中的碧血丹心，来自共和国建设道路上的砥砺奋进，并根据时代的特点在继承的基础上不断创新和发展。

传承是为了向我们的祖先致敬，而创新与发展则是因为我们肩负着中华民族伟大复兴的使命。具体体现在传承以人为本、仁爱宽恕的人道主义精神；团结统一、爱好和平的和谐意识；忧国忧民、舍生取义的爱国精神；与时俱进、自强不息的改革精神；厚德载物、崇尚气节的道德情操；尊老爱幼、孝敬父母的传统美德；亲仁善邻、协和万邦的担当精神。

目前中国是全世界产业门类最为完备、一、二、三产业体系最为健全的国家，无论是世界地位，还是国际影响力，早已不可同日而语。这一切仅仅经历了短短70年，而70年前的中国是真正的一穷二白、举步维艰、困难重重。

是什么创造了这一切？是也仅仅是中国精神的传承、创新和秉持的“精气神”，支撑着中国人民站起来的骨气、富起来的底气、强起来的硬气！

我们自古以来，不缺埋头苦干的人，不缺为民请命的人，不缺舍生取义的人，不缺坚贞不屈的人。正像文天祥《正气歌》中所言：“在齐太史简，在晋董狐笔。在秦张良椎，在汉苏武节。为严将军头，为嵇侍中血。为张睢阳齿，为颜常山舌。或为辽东帽，清操厉冰雪。或为出师表，鬼神泣壮烈。或为渡江楫，慷慨吞胡羯。或为击贼笏，逆竖头破裂。是气所磅礴，凛烈万古存。”

国家精神，是民族之魂，是立国之本！

那么在当代，中国精神在哪里？中国精神在朝鲜战场上125座保持战斗状态的“冰雕”里，正是中国军人的大无畏精神，让任何轻视我们的人付出了最惨痛的代价。

中国精神在哪里？在钱三强、郭永怀、钱学森等数百位科学家冲破重重阻力，坚决回到祖国的决心里。正是因为有了他们负重图强、砥砺前行的中国性格，我们才能面对科技封锁，实现了“两弹一星”的伟业，震惊了世界。

中国精神在哪里？在李小文、高伯龙这样的“扫地僧”的孤独而坚定的背影里，在南仁东、潘建伟、林俊德等倾尽一生创建的飞船、航母、“天眼”、大飞机、芯片等大国重器里，在他们敢闯敢试，追求卓越的中国志向里！

中国精神在哪里？在一次次面对天灾、瘟疫，全体中国人民团结一心、互帮互助的篇章里，在毅然决然、奋不顾身的逆行者的决心里！在“多难兴邦”的众志成城，舍我其谁的中国气概里！

中国精神在哪里？在任正非、马化腾、马云等民营企业家的觉醒与崛起里，在温州和义乌商人敢闯敢拼敢失败的奋斗里，正是他们因地制宜，善做善新的创新和突破创造了一项项中国经济的奇迹！

中国精神在哪里？在女排姑娘看见国旗升起、听见国歌奏响喷薄而出的眼泪里；在杨利伟嘴角的那丝鲜血里；在袁隆平“吃饱了肚子，也不能浪费”的呐喊里；在抗战老兵的深情敬礼里。

中国精神在哪里？在王进喜吹响“有条件要上，没有条件创造条件也要上”的号角里；在中国农民以世界8%的耕地养活了22%的人口的艰苦劳作里；在中国医护人员没有旁观者的全面抗疫战斗里；在几代人用青春和汗水筑就的西藏“神奇的天路”里；在海外华人支持祖国建设的一片赤子之心里；在戈壁滩成为万亩林地的汗水里；在那些平凡人危急时刻化身英雄挺身而出的壮举里；在岁月静好的时光传播爱意，相濡以沫的真善美里！在我们世界大同，为天地立心的中国理想里！

（三）当代中国的文化秉持

中国传统文化中的爱国主义精神是对大一统国家的爱戴与忠诚，是对漫长历史中形成的中华民族文化传统及其疆域空间的认同与守护，并由此形成了中华民族强大的凝聚力与民族团结传统。

中国传统文化也特别注重创新融合，所谓“苟日新，日日新，又日新”，正是依靠持续不断的生成、创新、进化、再生成、再创新、再进化，中华文明得以延续千年，而如今，这样的精神已经融入了我们的血脉，这可能就是文化的力量。

爱国主义首先要尊重和传承中华民族历史和文化，坚持正确的历史观、民族观、国家观、文化观。其次，需要坚持立足民族，又要面向世界。改革创新的目的在于推动人类社会发展，增强国际竞争新优势。因此，需要自觉树立敢为人先的志向和信心，敢于担当，敢于超越，追求卓越，投身实践。

应该看到，改革开放以来，我们的文化心理更加从容自信，越来越能够实事求是地看待自己、看待世界。我们清晰地认识到中国的发展必须以自己的传统为根基，以自己的社会实际为出发点，坚定不移地走中国特色社会主义道路。我们的思想观念更加开放包容，越来越具有大国公民的心态，我们不只考虑追求发展速度的旧模式，更注重有质量的新发展模式。我们的社会心态更加理性平和，公共意识和法律意识明显提升，面对贸易战的挑衅从容不迫，见招拆招，并且始终保持着崇文尚德、大度谦和的中国气度。

新时代以来，面对世界格局百年未有之大变局，面对中华民族伟大复兴的关键时刻，从历史中锤炼出来的精神会帮助我们在新的征途中继续创造历史，面对新的道路，新的目标，我们需要“资外以宏内”来重铸民族的主流精神价值，以爱国主义为核心的民族精神和以改革创新为核心的时代精神为主线，并将之融会贯通于每个个体作为“自然人”修为规范和“社会人”的修为规范出发，以此重塑中国人文秩序。

具体到“自然人”，应该做到持仁爱之源、怀知耻之心、守独立之格、秉正直之气的修为规范：

持仁爱之源是作为个体修为的基石，仁爱是每个人修为的起点，也是没有终点的修为目标。仁爱需要我们每个人去营造、去感受“人人为我、我为人人”的良好环境。

怀知耻之心是人之为人的根本。当我们每个人去主动维护价值尺度，保持自身的人格崇尚，那我们就打下了重塑人文秩序的重要基础。

守独立之格是提升社会文明涵养和进步程度的必经之路，越是文明进步的社会，个体理性思考的深度就越深，思想氛围就越活泼，当然，法律是社会的底线秩序，谁也没有资格去打破。

秉正直之气要对得起自己的内心，要做到“内不自欺，外不欺人”，即使需要付出辛苦、委屈和孤寂，我们也不能放弃这样的追求。

具体到“社会人”应该做到尚尊重之德、恪诚信之义、践责任之为、立契约之节的修为规范。

尚尊重之德，需要发自内心的对人性本真和超常精神意志的尊重，而不是对权力、金钱、地位的低头和膜拜。这是当今社会需要建立的一个基本导向性认识。

践责任之为，则需要养成自我约束的社会行为习惯，因为我们的“责任”既有与生俱来的本性化责任，也有必须依靠社会外来力量的约束而被动形成的社会行为。

恪守信之义，需要建立良好的社会氛围，这个氛围既包括从我做起的守信本性，也包括整个社会的相互监督，指导全社会形成守信之义的人文氛围。

立契约之节，关键在于培养法律法规意识。法律秩序是一个社会的底线秩序，其遵守的好坏直接反映了社会对共守规则的践行程度，也充分体现了社会的文明程度，更反映了社会人文秩序的好坏。

通过重塑人文秩序，进一步在传承创新中培养以爱国主义为核心的团结统一、爱好和平、勤劳勇敢、自强不息的民族精神和以改革创新为核心的突破常规、大胆探索、敢于创造、善做善为的时代精神，并以此为主线贯穿于当代创新发展的中国文化秉持：

锐意进取，自信担当的中国品行；

敢闯敢试，追求卓越的中国志向；

崇文尚德，大度谦和的中国气度；

自尊自重，坚守底线的中国操守；

负重图强，砥砺前行的中国性格；

众志成城，舍我其谁的中国气概；

因地制宜，善做善新的中国智慧；

世界大同，天地立心的中国理想；

不忘初心，牢记使命的中国信仰。

中华民族伟大复兴之路注定不会一帆风顺，伟大斗争还将继续下去。“实现中国梦必须弘扬中国精神。”因此，新时代的中国精神就是以爱国主义为核心的民族精神和以改革创新为核心的时代精神的统一。因为爱国主义始终是把中华民族坚强团结在一起的精神力量，而改革创新始终是鞭策我们在改革开放中与时俱进的精神力量。在五千年历史长河中锤炼出来的精神将让我们在新的征途中继续创造历史。

千百年来，我们在中国精神的引领下，砥砺奋进，愈挫愈勇，历久弥坚。身为中国人，我要骄傲地喊出一句：中国真好，做中国人真好！而今天，让我们把中国精神安放内心，把中国精神付诸行动，把中国精神传授传递！因为这是历史和时代赋予我们的责任！

我有名士，天下无双。

中国精神，百炼成钢！

附录：当下中国需要更坚定的文化定力

随着全球化进程的加速，西方文化正全方位进入中国大地，新旧思想交错，中西观念杂糅，“乱花渐欲迷人眼”。在以中美贸易摩擦为突出特征引发世界格局变化之际，需要我们胸怀更坚定的文化定力，重塑人文秩序，筑起文化堡垒，“以文化之”，才能任你风吹草动，我自闲庭信步，始终保持中国特色社会主义的“风景这边独好”。

凝结共识是发挥中国文化聚合力的首要任务；重塑人文秩序是践行新时代文化思想的关键要义；家国情怀是中国文化“精气神”的集中体现；“以文化之”是筑就“风景这边独好”的金汤堡垒；文化定力是“人类命运共同体”的精神源泉。

党的十九大报告指出：“没有高度的文化自信，没有文化的繁荣兴盛，就没有中华民族伟大复兴。”以文化定力彰显文化自信，是一个国家一个民族发展中更基本、更深沉、更持久的力量。改革开放40年的风雨历程和现实成就，深刻展现了中国共产党人“民惟邦本，本固邦宁”的治国理念，“明者因时而变，知者随事而制”的革新思维，“苟利社稷，死生与之”的家国情怀。这就是中华优秀传统文化的思想精髓照进中国当代现实的最佳范例，是中国文化优势的充分表达，是新时代中国文化自信的现实实践。

特别是在中美贸易摩擦的当下，中美之间实际上是意志和毅力之战，其背后更是文化耐力和文化智慧之战，办好中国国际进口博览会就是文化智慧的最佳体现。这需要我们秉持更坚定的文化定力，用好中国传统文化之道，挖掘中国传统文化精髓，以文载道，以文化人，推动中华优秀传统文化在新时代习近平中国特色社会主义发展新阶段的创造性转化、创新性发展，为改革开放再出发凝聚更广泛的社会向心力，激发更深层的内生原动力，积蓄更扎实稳固的战略定力。

（一）凝结共识是发挥中国文化聚合力的首要任务

中国作为一个历史悠久的多民族文明古国能够持久发展，与具有强大凝聚力和包容性的中国传统文化密不可分。中国传统文化人文内涵可高度概括为“仁”与“礼”、“和”与“合”、“知”与“行”、“文”与“武”、“家”与“国”和由此派生的自强不息、厚德载物的中国品行；穷不失义、达不离道的中国操守；海纳百川、有容乃大的中国气度；刚正不阿、不屈不挠的中国性格；鞠躬尽瘁、舍生取义的中国气节；返璞归真、天人合一的中国境界；为天地立心，为生民立命，为往圣继绝学，为万世开太平的中国信仰。这些充分体现了中国传统文化独特的文化基因孕育的强大民族凝聚力和民众感染力，这就是中华文明屡屡实现逆风飞扬，浴火重生的根本原因。

文化的传承，决定了道路的选择。改革开放40多年来，中国共产党在艰苦条件下，以民本思想推动对内改革，顺应中国人民要发展、要创新、要美好生活的民意，敢于向顽瘴痼疾开刀，勇于突破利益固化的藩篱，始终以为中国人民谋幸福、为中华民族谋复兴为己任，成功凝聚起当代最深厚的民心、民气和民望。而在对外开放中，以兼相爱、交相利的和合思想，团结联合起广大认同中国文化之根，心系家国乡梓的港、澳、台同胞和海外侨胞，全程参与到中国的改革开放事业中来，为改革开放注入了奔流不断的源头活水。这40多年的风雨历程，是中华优秀传统文化深厚凝聚力的又一具现。

人心向背，决定事业成败。无论全面深化改革，还是同仇敌忾地打好贸易战，还是办好世界上第一个以进口为主题的大型国家级展会，都必须凝结全民族、全社会的力量，这就要求我们更精准更坚定地从中国传统文化的精髓中汲取养分，以民为邦本的民本观、多元一体的民族整体观、孝悌忠信的伦理观和家国同构的社会观为指引，使全国人民在理想信念、价值理念、道德观念上紧紧团结在一起，以文化传统的认同，促进政治理念的认同，最终将国家、社会、人民三个层面的价值追求融为一体，为改革开放再出发提供取之不尽、用之不竭的民族凝聚力和社会向心力。

（二）重塑人文秩序是践行新时代文化思想的要义

中华文明多次遭遇几乎灭顶之灾的危机，如早期的“五胡乱华”和近代鸦片战争后的百年屈辱，但中华文明能劫后重生、坚强如斯，这是中国传统文化永不言败的真正内涵。如威武不能屈的人文精神，突显着中国文化的坚韧顽强；独善其身，兼济天下的人文性格，诠释着中国文化的张弛有度；揆文奋武的人文智慧，展现着中国文化的刚柔相济。这些中国传统文化中突出的品格秉性、思想精髓，是中华民族坚定不移奔向大同理想的思想宝藏，是中华民族无数次在危途中奋进、在两难中抉择、在坎坷中坚守的文化积淀。

历史经验告诉我们，越是接近民族崛起的目标，就越容易面临重大的挑战。任何大国的崛起与民族复兴，注定会改变现有国际格局，注定要遇到各种力量的遏制围堵。近代以来，中华民族屡历浩劫，有序的社会人文秩序和价值取向被不断搅扰，人文精神存在断层。改革开放以来新旧思想交错，中西观念杂糅，再加上来自各种力量日益疯狂的思想干扰、文化压制，各种理念、各色文化、各类思潮通过资讯、物流、人员以实体和虚拟等各种方式汇聚交集于中国，“乱花渐欲迷人眼”，多歧路，行路难。

“中华文明经历了5000多年的历史变迁，但始终一脉相承，积淀着中华民族最深层的精神追求，代表着中华民族独特的精神标识，为中华民族生生不息、发展壮大提供了丰厚滋养。”木有本，水有源，我们要在继承的基础上，以社会主义核心价值观为核，加快推进具象化可操作的落实机制和运作模式，重塑中国人文秩序，为中国文化的人文精神、人文性格、人文智慧注入更多的时代价值和当代特色，推动中国文化在与其他异质文化的对照互鉴中，实现自信、自省、自新，使中国传统文化倡导的价值取向、精神内涵，逐步外化为世人推崇的人文标准和文化理念，最终内化为民众“日用而不觉”的思维方法和行为准则，确保改革开放再出发的根本性质、目标走向等核心定位不动摇，不松劲。

（三）家国情怀是中国文化“精气神”的集中体现

“每个人的前途命运都与国家和民族的前途命运紧密相连。”家国情怀是中国优秀传统文化的宝贵精神财富，是历代有识之士矢志不渝的精神追求。以民族大义为先，以家国天下为重，把个人价值与社会价值统一起来，把个人命运与国家命运维系在一起，是历史上一切优秀中国文化秉持者“精气神”的集中体现。贾谊“国而忘家，公而忘私”，文天祥“人生自古谁无死，留取丹心照汗青”，顾炎武“天下兴亡，匹夫有责”，从中展现出来的强烈的忧患意识，大无畏的牺牲精神，以天下为己任的匡世胸怀，是家国情怀的精髓所在，是传统人文思想中担当精神和责任意识的本源动力。

中华民族的伟大复兴，是当前家国情怀的最大体现，也是当前中华民族的最大担当。正如习近平总书记强调的那样，担当是人民的期望。“看准了的事情，就要拿出政治勇气来，坚定不移干。”把复兴的使命放在心上、把家国的责任扛在肩上，在这民族伟大复兴的关键时刻，深化改革开放的攻坚阶段，中国共产党，中国共产党人的所思、所想、所作、所为要做到“无愧于时代、无愧于人民、无愧于历史”，首重责任，唯靠担当。

发端于传统文化家国情怀，践行于社会主义核心价值观，始终把国家和人民放在首位的当代担当精神和责任意识，是中国共产党人的必备素养和重要品格。责任意识给人民以信心，担当精神给国家以希望，我们要把担当精神和责任意识提高到时代要求和历史使命的高度，使之成为衡量党员干部合格与否的首要标准，促使每个党员干部要既当改革的促进派，又当改革的实干家，让舍我其谁的气概、攻坚克难的勇气和任劳任怨的品格融入中国共产党人的血脉身体里，使家国情怀感召下的担当精神和责任意识最终化为对改革开放事业更深沉、更持久的推动力量和支撑力量。

（四）“以文化之”筑就“风景这边独好”的金汤堡垒

习近平总书记指出，中国传统文化“思考和表达了人类生存与发展的根本问题，其智慧光芒穿透历史，思想价值跨越时空，历久弥新”。近几十年来，不论世界风云如何变幻，凭借中国文化“兼容并蓄”“海纳百川”“以文化之”“成风化俗”的独特演化风格，中国始终以自身特有的节奏，推动着中国道路、中国理论、中国制度的不断创新、实践和发展。中国特色社会主义的“风景这边独好”，充分说明了支撑其不断发展的文化是一种有生命力的文化，是一种体现人类文明发展进步方向的文化。

当前，我们党和国家面临的一个重要课题，就是如何正确认识和妥善处理改革发展以来，不断出现的新情况新问题。这些情况问题的独特性和复杂性要求我们，不仅要运用人类今天发现和发展的智慧和力量，更要运用人类历史上积累和储存的智慧和力量去推动更深层次的改革开放。中国优秀传统文化的丰富哲学思想、人文精神、教化智慧、道德理念等，可以为我们认识和改造世界提供有益启迪，可以为治国理政提供有益启示，可以为形成与改革开放新形势相适应的中国当代文化精神和人文秩序提供有益启发。

充分利用好优秀传统文化的再发轫和时代化带来的当代中国精神世界、人文理念的跃升的有利契机，积极促进方法论的提升，为中国共产党“三大法宝”注入更多时代特征和精神内涵。一是扩充统一战线的文化内涵，化大统战为大文化，党政部门皆有团结、凝聚人心的教化之责，“教以化之”“以文化之”，以提升“文化认同”，促进“理念认同”“道路认同”。二是为武装斗争注入显著的时代特征，化和平年代的武化为全面依法治国，各行政执法部门皆有“全面守法”“依法行政”的守法之责，以法治形态的“武化”维护社会的公平正义和人心向背。三是在党的建设中引入更多家国情怀，强化当代责任担当意识，党员干部皆有身当表率、争当榜样、官师一体之责，促进党的理念、意志为民众所接受、所认可、所追随。充分学习、领会并运用好 “三大法宝”现实内涵，使之不断在实践的修正中完善，随文化的发展而丰富，成为改革开放的重要推动手段和进步力量。

（五）文化定力是“人类命运共同体”的精神源泉

习近平总书记曾提到：“独学而无友，则孤陋而寡闻。”中华文明漫长的发展史上，我们在与其他文明的交流中获得了丰富营养，不仅对自身发展产生了深刻影响，而且对人类文明进步也作出了重大贡献。在历史上，既有西学东渐，也有东学西传。除了“四大发明”外，在西方向现代社会的转型过程中，中国的传统文化曾给予伏尔泰等法国启蒙思想家以极大的启迪；中国的科举制也曾对英国文官制度的建立产生过直接的推动作用。在相当长的一个时期里，中华优秀传统文化为人类文明的进步和发展提供了有益的人文滋养和独特的东方智慧。

习近平总书记要求我们务必“树立世界眼光，更好地把国内发展与对外开放统一起来，把中国发展与世界发展联系起来，把中国人民利益同各国人民共同利益结合起来”。今天的国际社会要共同面对诸如资源紧张、贫富差距、种族冲突、恐怖主义、贸易保护主义等重大挑战，任何一个国家的单打独斗都无法成功应对这样的复杂局面。中华优秀传统文化中蕴藏着解决当代人类面临难题的重要启示。基于“协和万邦”“修己安人”“己欲达而达人”等传统人文思想所提出的“构建人类命运共同体，建设持久和平、普遍安全、共同繁荣、开放包容、清洁美丽的世界”的伟大构想，是共产主义理想、中国文化大同理想和中华民族伟大复兴期望的高度融合，是中华民族为全人类长远发展所贡献的全新中国方案和中国智慧。

中国正进入一个与世界关系发生历史性变革的新时代，“构建人类命运共同体”的伟大构想能否在国际上赢得广泛认同和普遍支持，直接关系到中华民族伟大复兴所需要的和平国际环境，直接影响到新时代中国特色社会主义事业在国际格局中的前途命运。我们必须以“大文化”的格局定位，推动“大统战”的谋篇布局，通过加大海外传统文化的传播力度筑就最大“同心圆”，以坚定的“文化自信”，讲好中国故事、传播好中国声音，把优秀传统文化中具有当代价值、世界意义的文化精髓提炼出来、展示出来。秉承“天下为公”的大同理念，“修文偃武”的和平精神，“义利相兼”的义利观念，“和而不同”的文化理念，将中国改革开放所追求的推动全人类共同发展的最终目标与“人类命运共同体”前进方向统一起来，以无可争辩的发展成果和建设成就，使中华文明的大同理想成为全人类共同的信念。

改革开放再出发的背景下，不断夯实中国文化定力，更基础更广泛更深厚地调动全民族义无反顾、砥砺前行的社会力量，为改革开放再出发注入更基本、更深沉、更持久的文化推动力，并在继承、发展、弘扬中华优秀传统文化的基础上，全面提高中国文化软实力和中国文化影响力，从而切实为新时代的改革开放创造更好的内外部环境。

当代中国文化内涵的核心是以个体的内心成长为要，进而延展到社会层面，即“修身、齐家、治国、平天下”等优秀传统文化中个人自我实现的过程和要求加以模型化分析和借鉴，从个体的自然属性和社会属性两个方面的规范出发，引导规划个体具体的修为方向和修为内容，最终由点而面地不断扩展丰富形成整个社会的价值精神和人文秩序。

“自然人”的修为规范。以规范自然属性的人文回归为基础，建立对自身的人文要求和人文约束，即作为“自然人”应重点建立持仁爱之源、怀知耻之心、守独立之格、秉正直之气的修为要求。以自然人个体而言，仁爱为个体修为之始，道法自然，以仁爱之主线维系社会、族群的平稳与和谐；知耻为守正之基，明辨是非，以知耻之心区分对错、厘清善恶以为扶正；独立为个体存身之道，进退之据，以独立之人格，自由之思想存身任事，融而不化。正直是个人德行之本，守德遵行，使化内之操守外显于社会任事为人之德行。以此形成一套当代的社会个体德行高下的评判标准。

“社会人”的修为规范。以规范社会属性的人际关系为框架，建立起对人的人文要求和人文约束，即作为“社会人”应重点建立尚尊重之德、恪诚信之义、践责任之为、立契约之节的修为规范，重建起适应于当前社会历史发展阶段的当代文化内涵体系。尊重是社会共融和睦的基石，承生命之尊重，存平等之处世之则；责任是个体之于社会整体的意义，承责任之求，使个体成为整体的有机部门，实现自身价值；诚信是个体之于社会的立身之本，无信不立，使信成为个体操守外化的窗口和标志。通过以上几个方面的规范，形成社会的公共价值导向和评价体系。

以“自然人”持仁爱之源、怀知耻之心、守独立之格、秉正直之气，和“社会人”尚尊重之德、恪诚信之义、践责任之为、立契约之节的当代优秀文化内涵为基础，形成当代中国社会成员个体信受奉行的“新时代中国特色社会主义人文规范体系”，在此基础上可形成社会主义核心价值观的有效载体和展现形式，以切实使社会主义核心价值观对内深入人心、入心入脑入思想，对外充分展示独特的中国文明！